Schanna Nemzowa
Russland wachrütteln

W0194469

Schanna Nemzowa

Russland wachrütteln

Mein Vater Boris Nemzow
und sein politisches Erbe

Aus dem Russischen
von Boris Reitschuster

Ullstein

MIX
Papier aus verantwor-
tungsvollen Quellen
FSC® C083411

ISBN 978-3-550-08129-3

© by Ullstein Buchverlage GmbH, Berlin
Alle Rechte vorbehalten.
Gesetzt aus der Scala OT
Satz: LVD GmbH, Berlin
Druck und Bindearbeiten: CPI books GmbH, Leck
Printed in Germany

Für Dina Nemzowa

Ich kenne keinen einzigen Menschen, der etwas
Wichtiges oder Progressives für Russland getan hat und
dafür nicht mit seinem Leben bezahlt hätte. Alexander II.
hat viel für Russland getan und wurde umgebracht. Ich
glaube, dass Stolypin Russland zu einem großen Land hätte
machen können, aber er wurde umgebracht.[1]

Boris Nemzow

Inhalt

Als mein Vater ein kleines Kind war, durfte er immer erst an den Strand, wenn die Sonne untergegangen war – weil seine Mutter ihn vor der prallen Sonne schützen wollte. Mein Vater freute sich den ganzen Tag auf den Strand, und so waren die ersten Worte, die er als zweijähriges Kind aussprechen konnte:»Solnze selo«, auf Deutsch:»Die Sonne ist untergegangen«.

Nach dem Mord an meinem Vater habe ich mich entschlossen, dass ich ihm ein Denkmal setzen und sein Werk fortsetzen möchte. Mein erster Gedanke war, seine Beiträge auf Facebook als Buch zu veröffentlichen. Wegen der Zensur war das soziale Netzwerk fast das einzige Medium, in dem er unzensiert mit den Menschen in Russland kommunizieren konnte. Doch schon bald verstand ich, dass diese Beiträge allein ihm nicht gerecht werden. Es wäre wieder nur die »offizielle« Seite von meinem Vater sichtbar geworden. Ich will auch den Menschen abseits der Nachrichten und der Politik zeigen: den besten Vater, den ich mir vorstellen kann. Den Vater, den ich so geliebt habe und liebe, wie ich nie jemanden geliebt habe und sicher auch nicht werde lieben können. Einen Menschen, der auch über seinen Tod hinaus andere zusammenbringt: Immer wieder treffe ich auf Bekannte und Freunde von ihm, die ich gar nicht oder kaum kannte und die mir etwas zurückgeben wollen von dem, was mein Vater ihnen gegeben hat.

Die Arbeit an diesem Buch war nicht nur für mich eine wichtige Trauerarbeit. Sie war es auch für meine Familie. Meine Großmutter Dina Nemzowa, die am Tag der Beerdigung ihres Sohnes, das war der 3. März 2015, ihren 87. Geburtstag hatte, war völlig gebrochen und niedergeschlagen. Sie hatte kaum noch Lebensenergie. Als ich ihr von diesem Buch erzählte, schöpfte sie plötzlich wieder ungeahnte Reserven: Sie entschloss sich, ihre Erinnerungen an ihren Sohn, meinen Vater, aufzuschreiben. Und sie ging völlig auf in dieser Aufgabe.

Meine Hoffnung ist, dass dieses Buch nicht nur meiner Großmutter und mir neue Lebenskraft gibt, sondern auch den vielen Menschen, die in und außerhalb von Russland zuweilen verzweifeln an dem, was in meinem Land passiert. Dass die immense Tatkraft, die meinen Vater auszeichnete, über den Umweg dieses Buches weiterwirkt. Seinen Körper konnten sie zerstören. Aber nicht seinen Geist. Nicht seine Ideen. Nicht sein Werk. Nicht seinen Kampf für die Freiheit. Mein Vater ist lebendig.

Die schrecklichste Nacht meines Lebens

Seit jenem Freitag im Februar 2015 ist nichts mehr in meinem Leben so, wie es vorher war. Ich war zu Hause in meiner Wohnung, im Zentrum von Moskau, nicht weit vom Kreml entfernt. Ich bin gegen Mitternacht zu Bett gegangen, weil ich am nächsten Morgen mit meiner Mutter in den Urlaub fahren wollte; die Koffer waren schon gepackt, wir waren mit den Gedanken schon so gut wie in Italien. Da weckten mich plötzlich schreckliche Schreie, solche, wie ich sie niemals zuvor gehört hatte. Meine ersten Gedanken waren: Ich habe vergessen die Tür zu schließen, wir werden überfallen, da sind sicher Einbrecher in der Wohnung.

Ich rannte aus meinem Zimmer und sah meine Mutter auf dem Sofa sitzen. Sie konnte kaum reden. »Vater wurde getötet«, sagte sie. Ich fragte sie, wer ihr das mitgeteilt habe. Sie sagte, Olga habe sie angerufen. Das ist eine Freundin meiner Mutter. Ich fragte: »Wo?« Und sie gab mir zur Antwort: »Tot. Erschossen. Auf der Bolschoi-Moskworezki-Brücke, auf dem Heimweg.«

Wenn meine Mutter nicht gewesen wäre, hätte ich die Nachricht bis zum Morgen nicht erfahren. Ich schalte mein Handy über Nacht immer aus, damit mich nicht irgendein zufälliger Anruf oder irgendeine Nachricht aus dem Schlaf holt. Dennoch konnte ich nicht sofort glauben, was meine Mutter gesagt hatte. Ich machte mein Telefon an, dann sah ich, dass es da bereits viele Beileidsbekundungen von Freunden und Kollegen gab. Aber ich wollte es immer noch nicht glauben. So ging ich ins Internet auf die Seite von CNN und da wiederum auf die Nachrichtenseiten. Und danach auf die Seite von RBK, dem Fernsehsender, bei dem ich damals noch arbeitete. Es gab keine Zweifel, leider.

Ich zog mich an, so schnell es ging. Zum Ort des Geschehens wären es zu Fuß fünfzehn Minuten gewesen, aber es regnete, und so nahmen wir ein Taxi. Unterwegs fragte uns der Taxifahrer, was auf der Bolschoi-Moskworezki-Brücke geschehen ist. Ich antwortete ihm, dass Boris Nemzow umgebracht wurde. Er zuckte mit den Schultern und sagte so etwas wie »Na und?«. Ich antwortete ihm, dass es doch irgendwie merkwürdig sei, wenn er sich so ausdrücke, denn es sei schließlich ein bekannter Mensch im Zentrum von Moskau umgebracht worden. Dann fügte ich noch hinzu, dass es sich um meinen Vater handle. Unsere Unterhaltung war damit abrupt zu Ende, aber ich werde mich immer an sie erinnern.

Fünf bis sieben Minuten später waren wir schon da, direkt gegenüber vom Kreml und der Basilius-Kathedrale mit ihren bunten Zwiebeltürmen. Mein Vater wohnte auf der anderen Seite des Moskwa-Flusses, gar nicht weit von meiner Wohnung entfernt, und wenn er im Zentrum war, dann ging er meist zu Fuß nach Hause. Die Strecke vorbei an den wichtigsten Sehenswürdigkeiten Russlands ist schön, romantisch und sehr russisch. Mein Vater liebte sie, so oft wie möglich lief er da entlang. Und so auch in jener Nacht auf den 28. Februar, wie sich später herausstellte.

Mein Vater war bei Echo Moskaus, dem letzten Radiosender in Moskau, der noch halbwegs kritisch berichtete. Dort gab er ein Interview über den großen Marsch des Frühlings, der für den 1. März 2015 in Marino geplant war, einer Trabantenvorstadt von Moskau, weil die Behörden der Opposition verboten hatten, ihn im Zentrum der Stadt abzuhalten. Mein Vater war einer der Organisatoren dieser Protestaktion. Nach dem Interview unterhielt er sich noch auf dem Flur und im »Wartezimmer« von Echo Moskaus mit Journalisten – eine alte Tradition bei dem Sender. Anschließend fuhr er vom Neuen Arbat weiter zum Manege-Platz, der direkt an den Roten Platz angrenzt. In dem alten Kaufhaus GUM, einem Konsumtempel des neuen Russlands und einem Denkmal historischer russischer Architektur, ist das Bosko-Café, eines seiner Lieblingslokale in Moskau – nicht zuletzt wegen der malerischen Kulisse, direkt am Roten Platz, gegenüber der Kreml-Mauer. Dort hatte sich mein Vater mit Anna Durizkaja, seiner ukrainischen Lebensgefährtin, zum Abendessen verabredet. Nichts deutete zu diesem Zeitpunkt auch nur im Geringsten darauf hin, dass es sein Henkersmahl werden sollte.

Als sie fertig gegessen hatten, gingen sie zu Fuß nach Hause. Über den Roten Platz, vorbei am Lenin-Mausoleum, das er immer mit großer Distanz betrachtete, dann weiter zur Basilius-Kathedrale, vorbei am Spasski-Turm des Kremls. Und dann, fast parallel zur Kreml-Mauer, hinunter zur Bolschoi-Moskworezki-Brücke, die hinüberführt in den historischen Stadtteil Samoskworetschie, was auf Deutsch so viel bedeutet wie »Hinter dem Moskwa-Fluss« und in dem sich unter den Zaren einst die Händler angesiedelt hatten.

Wahrscheinlich wurde mein Vater damals vom Geheimdienst beschattet. Vor Massenprotesten wie dem Marsch des Frühlings geraten Oppositionsführer, das hatte er selbst immer gesagt, verstärkt in den Fokus. Dass ihre Handys abgehört und auch als Mikrofon verwendet werden, um persönliche Gespräche aufzunehmen, ist keine Ausnahme, sondern die Regel. So wurden etwa die persönlichen Telefongespräche meines Vaters im Dezember 2011 in dem Boulevard-Medium Lifenews.ru veröffentlicht, was nach Ansicht vieler im Auftrag des Kremls geschah.

Nachdem mein Vater mit Anna die Brücke betreten hat, fährt auch eine Kehrmaschine auf die Brücke, wie auf Aufnahmen einer Überwachungskamera, die öffentlich gemacht wurden, zu sehen ist. Das Fahrzeug ist recht laut und fährt langsam. Es überholt die beiden, so dass sie für die Kamera nicht mehr sichtbar sind. Auf der Fahrbahn neben dem Paar, wo gerade noch reger Verkehr herrschte, sind auf einmal keine Autos mehr unterwegs. Bis auf einen Wagen, der weiß oder hellgrau ist. Auf der Videoaufzeichnung ist das schwer zu unterscheiden, da es schon dunkel war und zu dem Zeitpunkt Schneeregen fiel. Darüber hinaus war die Kamera in weiter Entfernung platziert. Dieses Auto nun fährt sehr langsam und bremst gleich hinter der Kehrmaschine. Dann geht alles ganz schnell: Jemand springt ins Auto, dieses fährt umgehend los, die Kehrmaschine bewegt sich weiter nach vorne und gibt so den Blick auf den Täter frei. Der muss offenbar meinem Vater hinterhergelaufen sein – und zwar vom Café aus – und auf den richtigen Moment gewartet haben. Und der richtige Moment war dann wohl der, als die Kehrmaschine aufgetaucht ist.

Anna erinnerte sich später, dass sie nicht sofort verstanden hatte, was passiert war. Sie hörte plötzlich Töne, die sie an Silvesterkracher erinnerten, und schaute nach unten, weil sie glaubte, sie würden zwischen ihren Beinen explodieren. Als sie wieder nach oben guckte, stürzte mein Vater bereits zu Boden. Anna dachte, dass er gestolpert sei oder sich schlecht fühle. Sie hörte sein Röcheln und setzte sich neben ihn. Dann war ihr klar, was geschehen war.

Sie rannte sofort los, um Hilfe zu holen, entdeckte die Kehrmaschine weiter vorne und versuchte, sie zu erreichen. Auf der Videoaufzeichnung ist zu sehen, dass sie einige Minuten neben der Kehrmaschine stehen bleibt.

Ihren Worten zufolge wollte der Fahrer der Kehrmaschine nicht helfen, gab ihr aber die Telefonnummer der Polizei. Die Videoaufzeichnung zeigt, dass mehrere Menschen vorbeigehen und -fahren. Einige bleiben stehen: Eine Frau im Pelzmantel etwa kommt näher heran, bückt sich und läuft dann sofort weiter; ein Auto bremst, ein Mann springt heraus, fragt offenbar irgendetwas und fährt dann weiter. Danach rennen zwei Personen zum Tatort, beugen sich so über meinen Vater, als würden sie etwas prüfen, und laufen dann zu einer Treppe, die von der Brücke nach unten führt. Danach kommen sie wieder. Wahrscheinlich sind das die Geheimdienstmitarbeiter, die meinen Vater zu diesem Zeitpunkt beschatten.

Zwölf Minuten nach den Schüssen trifft die Polizei ein. Eine schnelle Reaktionszeit für Moskauer Verhältnisse, ließe man den Ort des Geschehens außer Acht. Wenn Journalisten in unmittelbarer Nähe des Kremls eine TV-Kamera aus der Tasche holen und zu filmen anfangen, ist binnen weniger Augenblicke ein Beamter des Kreml-Sicherheitsdienstes da, meistens kommen sogar zwei, um sich nach der Identität des Kameramanns und nach dessen Dreherlaubnis zu erkundigen. Dass auf der Bolschoi-Moskworezki-Brücke, einen Steinwurf von der Kreml-Mauer und vielleicht zwei, drei Minuten Fußmarsch vom nächsten Stützpunkt des Kreml-Sicherheitsdiensts am Spasski-Turm entfernt, wo die Gegend nur so gespickt ist mit Überwachungskameras – dass also an einem der bestüberwachten Orte der Welt mitten in der Nacht mehrere Schüsse fallen und so langsam reagiert wird, das ist völlig unglaubwürdig.

Desgleichen ist es nicht nachvollziehbar, dass der FSO – der Föderale Wachdienst – keine Videoaufzeichnungen vom Tatort hat. Für alle sichtbar gibt es sehr viele (insgesamt mehr als zwanzig) Kameras auf dieser Brücke. Auf Nachfrage erklärte ein Mitarbeiter des FSO, dass alle Kameras auf das Innere des Kremls gerichtet seien. Dabei sind auf der Brücke und auch auf den Kreml-Mauern selbstverständlich Kameras, die in Richtung Brücke gerichtet sind. Der erste Chef der Ermittlungsgruppe sagte mir, dass die Kameras an jenem Tag nicht funktioniert hätten. Auch eine sehr seltsame Version.

Als erster von den Freunden und Weggefährten meines Vaters erreichte Ilja Jaschin den Tatort. Er hielt sich gerade zufällig im Stadtzentrum auf. Wenig später kam auch Wadim Prochorow, der seit vielen Jahren nicht nur ein treuer politischer Mitstreiter meines Vaters war, sondern auch sein Anwalt. Er streifte auch in diesem Moment nicht den nüchternen Blick des Juristen ab und wunderte sich, dass der Bauch meines Vaters aufgedunsen und kein Blut auf dem Asphalt zu sehen war. Später erklärten die Ärzte, dass die Schussverletzungen offenbar zu inneren Blutungen geführt hatten, das ganze Blut also in den Bauch meines Vaters gelaufen war.

Eine gute Viertelstunde nachdem die ersten Sicherheitsbeamten am Tatort eingetroffen waren, sperrte die Polizei ihn ab. Kurz darauf kamen meine Mutter und ich an der Brücke an. Die Beamten ließen uns zunächst nicht durch.

»Ich bin seine Tochter«, flehte ich sie an.

»Ihre Pässe!«, lautete die Antwort.

Meine Mutter und ich gaben ihnen unsere Papiere – ein Mensch ohne Pass ist in Russland kein Mensch, hieß es schon zu Sowjetzeiten, und leider trifft dieser Satz unter Wladimir Putin wieder zu. Als uns die Beamten endlich passieren ließen, war die Leiche meines Vaters bereits weggeräumt. Ich konnte nicht mehr Abschied nehmen von ihm. Ich starrte lange auf die Stelle, an der er gelegen hatte. Hier traf ich auch den langjährigen Freund meines Vaters Wladimir Kara-Mursa junior.

Während ich meinen Vater am Tatort nicht mehr zu Gesicht bekam, konnten Millionen russische Fernsehzuschauer Bilder von seinem halbentblößten Leichnam und seinem völlig aufgedunsenen Bauch sehen. Später wurde ein Plastiksack mit der Leiche meines Vaters gezeigt.

In dieser Nacht machte ich mir große Sorgen um meine Großmutter. Wie konnte ich sichergehen, dass sie die Nachricht vom Tod ihres Sohnes nicht aus der Zeitung oder dem Radio erfuhr, sondern von Verwandten? Außerdem wünschte ich mir, dass sie jemand persönlich informierte und nicht telefonisch. Gott sei Dank ging die Schwester meines Vaters ans Telefon. Sie weckte meinen Cousin und fuhr mit ihm zusammen noch um vier Uhr nachts zu meiner Großmutter. Beide warteten dort, bis sie aufwachte. Nachdem meine Großmutter die Todesnachricht erhalten hatte, entschied sie sofort, noch am selben Tag nach Moskau zu reisen.

Das ist Tradition in unserer Familie: Wenn etwas Tragisches passiert, dann müssen wir uns beschäftigen, dann müssen wir etwas tun. Ich bin stolz auf meine Großmutter, auf ihren starken Charakter und Willen und darauf, dass sie beim Trauermarsch dabei war und drei Stunden mitgelaufen ist.

Der Trauermarsch fand am 1. März 2015 statt – an Stelle von dem eigentlich geplanten Frühlingsmarsch. Die Behörden genehmigten die Kundgebung im Zentrum von Moskau. Das war das große Verdienst von Michail Kassjanow, dem ehemaligen Premierminister unter Wladimir Putin. Kassjanow ist heute einer der wichtigsten Kremlkritiker und war mit meinem Vater gemeinsam Vorsitzender der Oppositionspartei RPR-Parnassus. Er half uns auch sehr bei der Organisation der Beerdigung.

Die Trauerfeier war am 3. März im Moskauer Sacharow-Zentrum, das mein Vater zu Lebzeiten immer wieder unterstützt hatte. Ich entschied, die Presse bei den Feierlichkeiten zuzulassen. Mein Vater war ja kein verschlossener Mensch, und deshalb hätte ich es falsch gefunden, die Anwesenheit von Journalisten bei der Trauerfeier zu verbieten. Darüber hinaus hätten sie sich sowieso heimlich Zugang verschafft.

Ich bedaure noch immer, dass wir für die Trauerfeier nur vier Stunden eingeplant hatten. Ja, nur. Denn die Warteschlange vor dem Gebäude war Hunderte Meter lang, und so konnten sich viele nicht persönlich von meinem Vater verabschieden. Meine Großmutter stand die gesamten vier Stunden neben dem offenen Sarg ihres einzigen Sohnes. Ich hätte diesen Anblick nicht noch einmal ertragen können, es hatte mir schon in der Leichenhalle das Herz zerrissen. Wie er da vor mir lag. Leblos. Er, der für mich immer der Inbegriff von Lebendigkeit gewesen ist. Ich stellte mich so weit wie möglich vom Sarg weg, um ihn nicht zu sehen. Ich war wie in Trance. Es fühlte sich so an, als geschähe das alles ohne mich. Wahrscheinlich wollte ich einfach nur, dass es sich so anfühlte.

Als der Sarg mit der Leiche aus den Räumen ins Auto getragen wurde, applaudierten die Menschen auf der Straße und skandierten: »Helden sterben nicht!« Dank des Moskauer Bürgermeisteramts wurde die Strecke zum Friedhof, die werktags üblicherweise sehr verstopft ist, freigehalten, so dass wir innerhalb von zwanzig Minuten dort waren. Alle Autos hupten, und zwar nicht wegen der zusätzlich entstandenen Staus, sondern aus Solidarität und zu Ehren meines Vaters. Dieser Mord hat viele Menschen in Russland und im Ausland schockiert.

Zunächst wollten sogar die großen Fernsehkanäle Nachrufe über meinen Vater bringen, in denen er nicht postum noch verleumdet werden sollte. Sogar Sergej Briljow, einer der bekanntesten Fernsehjournalisten vom Kanal Rossija, rief meine Mutter an und bat sie um ein Interview. Sie antwortete ihm: »Ich kenne Sie nicht!« Was der Wahrheit entspricht, denn meine Mutter schaut kein russisches Fernsehen. In Deutschland wäre das in etwa so, wie wenn jemand Günther Jauch nicht kennt. Abgesehen davon war meine Mutter sowieso fest entschlossen, prinzipiell kein Interview zu geben.

So eine Reaktion der Leute auf den Mord war nicht zu erwarten. Eine der renommiertesten Zeitungen in Russland, »Wedomosti«, schrieb: »Wie beliebt Nemzow war, wurde erst nach seinem Tod klar.«[2] Die große Anzahl der Menschen, die am Trauermarsch teilnahmen, veränderte jedoch die Pläne der Kremlmedien. Kurz nach der Absage meiner Mutter sendete das russische Fernsehen Verleumdungsgeschichten, und das, obwohl mein Vater noch nicht einmal beerdigt war. Da waren sie wieder, all diese Lügengeschichten. Von seinem angeblichen Luxusleben, von seinem angeblichen Verrat an Russland, und Frauengeschichten; es war so, als hätte es einen Wettbewerb um die unappetitlichste Geschichte gegeben, um die größte Niedertracht.

Die Journalistin Nina Swerjewa, die vor Jahren einen Film über die Zeit meines Vaters als Gouverneur gemacht hat und heute keineswegs eine große Kremlkritikerin ist, war so angewidert von der Berichterstattung, dass sie auf Facebook am 2. März Folgendes schrieb:

»Das Programm Prjamoj Efir (auf Deutsch Live auf Sendung) habe ich mir nachträglich im Internet angesehen, nachdem ich viele Kommentare dazu gelesen hatte. Ich musste mich dazu zwingen, zehn Minuten lang gelang es mir, mehr schaffte ich nicht. Der Sender Rossija-1, der wichtigste staatliche Sender in Moskau, erklärt einen Menschen, noch bevor seine sterblichen Überreste der Erde übergeben sind, zu einem Verräter, ergötzt sich an Details seiner Beziehung zu einem ukrainischen Fotomodell und übertrifft an Niederträchtigkeit den Sender NTW noch um Welten. Und ich weiß, warum. Weil die Machthaber erschrocken sind über den gestrigen Trauerzug, einen Marsch von Tausenden mit klugen Gesichtern und traurigen Augen. Noch einen Tag zuvor war von oben der Befehl gekommen, Nemzow wie einen würdigen Politiker zu verabschieden. Doch dann kam ein neuer Befehl, ihn zu erniedrigen bis zum Letzten und dabei alle verfügbaren Mittel anzuwenden. [...]

Das ist nicht mal mehr Propaganda, das ist so, wie wenn man Benzin schüttet in ein Feuer von Gemeinheiten und Intoleranz gegen einen beliebigen, ›politisch nicht zuverlässigen‹ Menschen. Nein, sie haben nicht nur nicht begriffen, dass es genau dieser Hass ist, der Boris umgebracht hat, durch wessen Hände auch immer, sondern sie wollen offenbar auch noch, dass weiter getötet wird. Das ist eine blutige Corrida, und das Volk schreit und fordert Blut. Leute, wie können wir das stoppen?‹«

Nina Swerjewa hat es auf den Punkt gebracht: Nach dem Mord an meinem Vater wurde ein zweiter Mord begangen – die Erinnerung an ihn wurde zerstört. Nachdem Putin mitbekommen hatte, wie viele Menschen zu dem Trauermarsch für meinen Vater gekommen waren – es waren 50 000, wie selbst die Stadtverwaltung schätzte –, ist er offenbar erschrocken. Mein Vater wurde zwar physisch umgebracht, aber sein Geist lebt weiter. Und dieser Geist ist gefährlich für das Regime. Denn mein Vater hat viele Menschen dazu inspiriert, gegen diesen Unrechtsstaat zu kämpfen. Sein Name ist zum Symbol für ein freies Russland geworden. Und weil viele Menschen in meinem Vater einen Helden sehen, fühlen sich die Machthaber gezwungen, ihn auch über seinen Tod hinaus zu diskreditieren.

Und zwar aus purer Angst. Aus Angst vor Demonstrationen. Was fürchtet Putin am meisten? Dass sich Menschen gegen ihn zusammenschließen, dass es Massenproteste gibt.

Deshalb tut Putin alles dafür, um das schon im Ansatz zu verhindern.

Auch Peter Pomerantsev, britischer Propaganda-Forscher mit russischen Wurzeln, ist zu dem Schluss gekommen, dass insbesondere autoritäre Regime Angst haben vor jeglicher Art der Selbstorganisation von Menschen – vor einer politischen Partei, die spontan ohne ihre Kontrolle entstehen könnte, genauso wie vor einer Bürgerinitiative gegen Baumfällungen in irgendeiner Kleinstadt. Wenn sich Menschen zusammenschließen gegen den Staat, gegen die Behörden, wird das in Russland als existentielle Bedrohung empfunden. In Westeuropa ist das anders: Auch hier sind Beamte und Politiker über Widerstand sicher nicht gerade glücklich, aber sie fühlen sich eben nicht in ihrer Existenz bedroht.

Egal, ob es sich um politische Aktionen handelt oder um unpolitische, der russische Staatsapparat schlägt mit voller Härte zu: so etwa im Fall der »Humor-Monstranzen« in Nowosibirsk, wo Protestierende Karikaturen und humoristische Plakate durch die Straßen trugen. Jedem in Russland wird von oben eingeimpft, dass jede Art, seine Unzufriedenheit über politische Entscheidungen öffentlich zu äußern, etwas Schlimmes, ja etwas Gefährliches ist.

Die gerade zitierte Journalistin Nina Swerjewa hat das auf Facebook am 4. März 2014 drastisch beschrieben:

>»Ich habe auf einmal verstanden, wie unsere geschickten Propandisten jeglichen Opponenten den Mund stopfen. Sie haben ein Schlüsselwort gefunden: Maidan. Sobald heute jemand mit der Meinung der Machthaber oder unserer aggressiven Medien nicht einver-

standen ist, heißt es sofort: Du willst einen Maidan! Und Maidan – das bedeutet Blut und Faschismus.

Dabei will man in Wirklichkeit nur, dass die Gerichte normal arbeiten, dass andere Meinungen in den Medien und in der Gesellschaft nicht verleumdet werden, dass Wahlen keine Farce sind, sondern eine echte Abstimmung, bei der die Menschen die Regierung eben auch abwählen können, wenn sie nicht mit ihr einverstanden sind.

Der Maidan in Kiew hat zu Veränderungen geführt – nach der schrecklichen Korruption, die dort vorher verbreitet war. Wobei ein schwacher und feiger Präsident nicht zum Dialog bereit war und deshalb all das begann, was man in Russland heute als Maidan bezeichnet, nämlich Gewalt und Blutvergießen.

Und mit diesem Wort wird heute der Mund allen gestopft, die eine abweichende Meinung haben, ob in Sachen Ukraine, Krim, Medizinreform, wirtschaftlicher Entwicklung. Ihnen sagt man: Was? Wollt ihr hier einen Maidan anrichten? Und Schluss. Ende der Debatte. Das ist außerordentlich gefährlich!!!«

Besonders absurd an der Angst vor öffentlichen Demonstrationen ist: Putin hat selbst dafür gesorgt, dass die Menschen in Russland, wenn sie ihre Rechte einfordern wollen, heute keine andere Möglichkeit mehr haben, als auf die Straße zu gehen. Es gibt keine echten Wahlen mehr, keine politische Vertretung für große Teile der Bevölkerung, die Medien sind verschlossen und isoliert von der Gesellschaft, die Gerichte funktionieren nicht. Es ist also nur folgerichtig, dass sich die Politik auf die Straße verlagert hat.

Ein Symbol dafür ist auch die »Volksgedenkstätte« für meinen Vater am Tatort auf der Bolschoi-Moskworezki-Brücke. Viele Menschen schmücken nach wie vor den Ort mit Blumen, Bildern und Kerzen. Dieses Denkmal muss aber von Freiwilligen beschützt werden, denn Mitarbeiter der öffentlichen Versorgungsunternehmen oder von patriotischen Prokremlorganisationen versuchen, in regelmäßigen Abständen alles wegzuräumen. Die Anbringung einer offiziellen Gedenktafel auf der Brücke konnten wir nicht durchsetzen. Putin sagte in seiner live im Fernsehen übertragenen *Bürgersprechstunde* am 16. April 2015, das sei Sache der regionalen Behörden. Damit gab er das Signal, keine Gedenktafel zuzulassen. Die Aufgabe des Regimes ist es, wie schon gesagt, die Erinnerung an meinen Vater auszulöschen und seinen Namen in der Öffentlichkeit zu entweihen.

Sechs Tage nach der Beerdigung flog ich nach Deutschland, zu Alfred Koch, einem der engsten Freunde meines Vaters. Er war früher Vizepremier von Russland, hatte meinen Vater damals kennengelernt und sogar eine Zeitlang bei ihm gewohnt, als er gerade nach Moskau gezogen war. Meine Mutter und ich sollten damals erst etwas später hinterherkommen. Heute ist Koch einer der prominentesten Gegner Putins und lebt als Russlanddeutscher in Bayern. Ich brauchte Abstand.

Mein Vater war immer stolz darauf, dass die vier Kinder von ihm, dem Kremlkritiker, den die Regierungspropaganda ständig als vaterlandslosen Gesellen und »Nationalverräter« darstellte, in Russland lebten, während die Kinder der Mächtigen als ihren Lebensmittelpunkt ausgerechnet den

Westen vorziehen – den die von ihren Vätern gesteuerten Medien als Hort der Dekadenz und des Niedergangs diffamieren.

Ich dachte damals, dass es nur ein kurzer Aufenthalt im Westen sein würde, und war fest entschlossen, wieder nach Russland zurückzukehren. Ich konnte noch nicht ahnen, dass dies nur ein frommer Wunsch bleiben und sich mein Leben auf den Kopf stellen würde.

Immer wieder werde ich gefragt, warum ich keine Angst habe, warum ich mir das alles antue. Mein Vater hat gesagt, ich sei mutig. Vielleicht hat er recht gehabt. Zumindest ein bisschen. Aber ich bin nicht so mutig wie er.

Mein kurzer Weg ins Exil

Es war eine wichtige und richtige Entscheidung, nach dem Mord an meinem Vater eine Auszeit im Ausland zu nehmen. Das merkte ich besonders, als diese Zeit vorbei war und ich nach Russland zurückkehrte. Ich muss gestehen, dass mir etwas mulmig zumute war: wieder im Lande zu sein, ohne meinen Vater in der Nähe zu haben. Ich liebe ihn über alles. Er war gutherzig, immer lebensfroh, voller Humor. Sich mit ihm zu streiten, das ging gar nicht. Ich kann bis heute nicht glauben, dass es ihn nicht mehr gibt.

Russland fühlte sich nach meiner Rückkehr anders an. Solange mein Vater gelebt hat, gab es eine klare Aufgabenteilung in unserer Familie: Er war für den politischen Kampf zuständig, mich berührte dieser eher am Rande in meiner Arbeit als Journalistin beim Fernsehsender RBK. Der Kanal ist eine der letzten Nischen, die es in der weitgehend gleichgeschalteten russischen Medienlandschaft gibt. Aber auch als Journalist bei RBK muss man immer die Schere im Kopf haben.

Da ich mich vor allem auf Wirtschaftsthemen konzentriert hatte, betraf mich die Zensur zunächst weniger. So richtig bewusst wurde sie mir erst, als ich gemeinsam mit meinem Kollegen Igor Wittel live die außerordentliche Rede von Präsident Putin zur Lage der Nation kommentierte, die er anlässlich der Annexion der Krim und der Stadt Sewastopol vor der Föderalversammlung gehalten hatte. Da sagte ich vor laufender Kamera, dass Russland mit diesem Schritt das Budapester Memorandum verletze, das der Ukraine territoriale Integrität zusichert.

Nach der Sendung wurden Igor und ich in die Chefetage gerufen. Der damalige Direktor von RBK, Alexander Ljubimow, kritisierte vor allem meinen Kollegen, weil dieser gesagt hatte: »Putin spielt mit gezinkten Karten«, was so viel bedeutet wie: Putin betrügt. Seit dieser Zeit habe ich für RBK keine von Putins *Bürgersprechstunden* mehr kommentiert und auch nicht seine Pressekonferenzen und seine Berichte zur Lage der Nation, die sogenannten Botschaften an die Föderalversammlung.

Nach dem Mord an meinem Vater bekam ich Interviewanfragen von Medien aus aller Welt. Ich tat das, was mir als Angestellte von RBK richtig schien: Ich bot meinem Sender an, ihm das erste Interview zu geben. Die Reaktion war ganz anders, als ich erwartet hatte. Ich merkte gleich, dass die Chefetage mein Angebot eher als Belastung empfand. Absagen war heikel, denn es konnte ja öffentlich werden – zusagen und dann meine Meinung unzensiert auf Sendung zu haben war aber offenbar noch heikler. Also entschied man sich zu einem faulen Kompromiss: Man würde mich interviewen, aber nicht live, das Gespräch sollte aufgezeichnet und dann später gesendet werden. Da ich die Arbeitsweise beim russischen Fernsehen von innen kenne, war mir sofort klar, was das bedeuten würde: dass sämtliche als problematisch eingestuften Aussagen von mir herausgeschnitten und nie gesendet würden. Deshalb lehnte ich ab und gab ausländischen Medien Interviews, unter anderem der britischen *The Times*, der BBC und dem CNN.

Ich sagte das, was bis heute meine tiefste Überzeugung ist: dass niemand anders als Wladimir Putin die politische Verantwortung für den Mord an meinem Vater trägt. Das wurde von der russischen Regierung empfindlich registriert. Auch mein Interview mit der BBC, in dem ich das erste Mal davon sprach, blieb nicht unbemerkt.

Mein ehemaliger Sender, RBK, gehört dem Milliardär Michail Prochorow, der unter anderem deshalb größere Bekanntheit erlangte, weil er im Jahr 2012 bei der Präsidentschaftswahl antrat und den dritten Platz belegte. Er ist ein anständiger Mensch, war ein Freund meines Vaters, und auch ich kannte ihn persönlich. Er sah sich übrigens regelmäßig meine Sendungen bei RBK an. Im Dezember 2014 riet er mir, den eingeladenen Experten zuzuhören und ihnen nicht über den Mund zu fahren, um zu zeigen, dass ich die Allerklügste bin. Das war ein Ratschlag, den ich wirklich als sinnvoll und für mich passend empfand.

Seit dem Mord an meinem Vater hatte ich keinen direkten Kontakt mehr zu Prochorow, aber Vertraute berichteten mir, dass er meinetwegen unter Druck geraten war, und zwar wegen meiner Äußerungen in den internationalen Medien. Ich bin mir sicher, dass er wollte, dass ich diese Information erhielt. Er hatte nicht den geringsten Wunsch, mich zu entlassen.

Dann bekam ich völlig unerwartet ein Angebot vom kremlkritischen Spartensender Doschd, dort eine eigene Sendung machen zu können. Derk Sauer, der Verwaltungsratschef von RBK, sagte in diesem Zusammenhang zu Natalja Sindejewa, der Chefin von Doschd: »Sie kann bei euch arbeiten, wenn sie auf scharfe politische Aussagen verzichtet.«

Für mich war jetzt klar, dass ich eine Entscheidung treffen musste. Nicht zwischen Doschd und RBK, sondern eine moralische Entscheidung. Mein Vater hatte mir einmal gesagt:»Wenn du mich vor laufender Kamera verteidigst, wirst du unweigerlich entlassen. Wenn du es nicht tust, dann passiert nichts.« Er hatte damals natürlich gemeint, wenn ich ihn zu Lebzeiten verteidigen würde, er hatte an eine mögliche Festnahme gedacht, aber nicht an einen Mord.

Der Mord an meinem Vater jagte den Menschen Angst ein, und das ist völlig nachvollziehbar. Dass mein öffentlich vertretener Standpunkt sogar die Menschen in Schrecken versetzt hat, die eigentlich gleicher Meinung sind wie ich, kann ich allerdings nicht verstehen. Einige haben mir anvertraut, sie könnten es sich, obwohl sie so denken wie ich, nicht erlauben, meine politischen Statusmeldungen bei Facebook mit dem»Gefällt mir«-Zeichen zu markieren.»Mir hat gefallen, was du geschrieben hast, aber ich kann es nicht liken, du verstehst ja, warum!«

Auch ich weiß, was Angst ist. Es gab Momente, in denen ich mir gut überlegen musste, ob ich im Fernsehen etwas Bestimmtes sage oder nicht. Da dreht sich dann alles im Kopf, man fragt sich: Was kann mir möglicherweise passieren, wenn ich jetzt ausspreche, was ich denke? Ich habe versucht, meine Angst zu besiegen.

Aber das ist keine leichte Aufgabe, wenn man in einem autoritären Staat lebt und wenn die Gefahr besteht, dass man seinen Arbeitsplatz verliert. Ich möchte das an einem konkreten Beispiel festmachen. Am 11. Februar 2015 vertrat ich einen abwesenden Kollegen in der Sendung *Sanktionen*. Thema waren die zweiten Minsker Vereinbarungen. Ich sagte unter anderem: Angela Merkel und François Hollande hätten vor dem Treffen in Minsk»Herkules-Anstrengungen« unternommen, um den Konflikt zu lösen. Dabei erwähnte ich auch, dass das erste Minsker Abkommen von Russland unterzeichnet worden ist, nämlich durch den russischen Botschafter in der Ukraine Michail Surabow. Dies sei ein weiterer Beweis dafür, dass Russland für den Konflikt verantwortlich sei. Außerdem äußerte ich, dass die Sanktionen der westlichen Staaten gegen Russland in Kraft bleiben würden – auch wenn Griechenlands Ministerpräsident Alexis Tsipras sich dagegen ausgesprochen hatte.

Unmittelbar nach der Sendung erhielt ich einen Brief von dem bereits oben erwähnten Alexander Ljubimow, der zu jener Zeit nicht mehr Generaldirektor, sondern Mitglied des Verwaltungsrats der RBC Holding war. Er bat mich, zu erklären, warum ich in einem russischen Sender ausführlich über die »Herkules-Anstrengungen« von Merkel und Hollande sprechen und Putin mit keinem Wort erwähnen würde. Des Weiteren, warum ich Russland als Konfliktpartei bezeichnet hätte, obwohl doch nichts unterschrieben worden sei, und warum ich Tsipras nicht für einen einflussreichen Politiker in der EU halten würde.

Alexander Ljubimow wusste einfach nicht, dass die erste Vereinbarung von Minsk auch von Russland unterzeichnet worden war. Um ehrlich zu sein, war ich schockiert und schrieb das sogar an meinen Vater. Er antwortete: »Das ist Selbstzensur.« Ja, Selbstzensur – das ist die Realität im heutigen Russland, und manchmal verhindert diese Furcht, dass man den Fakten ins Auge sieht. Und braucht man Fakten, wenn es die pseudopatriotische Idee gibt, die von unserem russischen »Zombiekasten«, damit meine ich das russische Fernsehen, erschaffen wurde?

Und noch einmal: So eine Tragödie wie der Mord an meinem Vater zwang mich, eine moralische Entscheidung zu treffen. Und das bedeutete in meinem Fall, das zu sagen, was ich denke, und auf objektiven und nach allen Seiten offenen Ermittlungen zu bestehen. Und das bedeutete in meinem Fall logischerweise den Abschied von RBK und danach auch von Russland.

Wenn ich mit meinem Vater über Karriereperspektiven geredet habe, sprach er oft von einer »negativen Selektion«: Er meinte damit, dass sich in Russland nicht die Klügsten, Anständigsten und Fähigsten durchsetzen, sondern diejenigen, die besonders loyal und servil sind. Am deutlichsten sieht man das im Fernsehbereich, wo die besten Journalisten längst nicht mehr zu sehen sind oder umgeschult wurden und jetzt Propagandisten sind. Viele mussten sogar ausreisen, weil sie in Russland nichts mehr zu tun hatten: Jewgenij Kisseljow und Sawik Schuster etwa leben heute in Kiew.

In der Wirtschaft und in der Wissenschaft sieht es nicht besser aus. Konstantin Sonin und Sergej Gurijew, beide führende Wirtschaftswissenschaftler, haben Russland verlassen. Sonin ist Professor an der Universität von Chicago, Gurijew ist jetzt Professor an der Siences Po, der berühmten französischen Universität im siebten Arrondissement von Paris, und seit 2016 darüber hinaus Chefökonom der Europäischen Bank für Rekonstruktion und Entwicklung. Sergej Aleksaschenko, ein weiterer bekannter russischer Wirtschaftswissenschaftler, der von 1995 bis 1998 Vizechef der russischen Zentralbank war, lehrt im Brookings-Institut in den USA.

Der Braindrain aus Russland ist groß. Allerdings muss ich erwähnen, dass Sonin nicht wegen politischer Verfolgung

Russland verlassen hat, sondern weil er dort keine akademischen Perspektiven sah. In seinem Internet-Blog schrieb er, dass ihm die Richtung der Entwicklung in den letzten Jahren nicht gefallen hat.

Auch Nichtregierungsorganisationen haben es nicht leicht in Russland. Das Beispiel der Stiftung Dynastia, die vor allem junge Wissenschaftler förderte, zeigt, dass es keine Bedeutung hat, welcher Tätigkeit die Stiftung nachgeht. Im Januar 2012 trat nämlich das »Gesetz über ausländische Agenten« in Kraft. Es fußt auf einem Begriff aus der Stalinzeit. Unter dieser Bezeichnung müssen sich heute alle Organisationen registrieren lassen, die eine Finanzierung aus dem Ausland erhalten, wenn sie, wie es im Gesetz steht, politische Tätigkeiten betreiben. Das wiederum ist für alle Organisationen, die dem Kreml nicht nahestehen, eine wichtige Finanzierungsquelle. Dabei entscheidet allein das Justizministerium über das Maß der politischen Tätigkeit, und man kann vor keinem Gericht gegen die Entscheidung klagen – zumindest blieben alle Versuche russischer Nichtregierungsorganisationen, das zu tun, ohne Erfolg. Im Ergebnis fallen unter dieses Gesetz Nichtregierungsorganisationen, die sich mit wissenschaftlichen, ökologischen oder mit bildungspolitischen Projekten befassen. Seit Einführung des Gesetzes ist, so das Einheitliche Staatliche Register für juristische Personen, die Zahl der Nichtregierungsorganisationen auf ein Drittel gesunken.

Dynastia wurde 2015 als »ausländischer Agent« eingestuft, was zur Folge hatte, dass Dmitrij Simin, ein legendärer Geschäftsmann und der Gründer eines der größten russischen Mobilfunkkonzerne, VimpelCom, entlassen wurde. Auch der Kampf gegen Korruption gilt in Russland als politische Tätigkeit. Sogar eine Organisation wie Memorial, deren Ziel es ist, die Erinnerung an die Opfer sowjetischer Unterdrückung wachzuhalten, muss sich als »ausländischer Agent« registrieren lassen. Mehr noch: Es wurde ein Gesetz über »unerwünschte Organisationen« verabschiedet. Damit lässt sich jede ausländische Nichtregierungsorganisation ohne gerichtlichen Beschluss für unerwünscht erklären. Die Konten können eingefroren werden und russische Staatsbürger, die für diese Organisationen arbeiten, sogar mit Gefängnisstrafen geahndet werden.

Daneben gibt es viele weitere absurde Gesetze und Erlasse des Präsidenten. Etwa einen, den Putin am 28. Mai 2015 unterschrieben hat und der verbietet, in Friedenszeiten über Todesfälle in der Armee in den Massenmedien zu berichten. Er ist ganz klar zugeschnitten auf Putins heimlichen Krieg in der Ukraine. Oder ein Gesetz, wonach ausländische Eigentümer nur noch zwanzig Prozent Anteile an Medien haben dürfen. Wegen dieses Gesetzes, das 2016 in Kraft tritt, verkaufte Axel Springer seine kompletten Aktien in Russland. Zu dem Portfolio gehörte auch die Zeitschrift *Forbes*. Der neue russische Eigentümer sagte, dass in dem Magazin künftig keine Politik mehr vorkomme, da die Leser dies nicht interessieren würde. Es ist auch ein neuer Paragraph in das Strafgesetzbuch aufgenommen worden, der es de facto verbietet, den Anschluss der Krim als Annexion zu bezeichnen. Wer dies dennoch tut, kann drei Jahre ins Gefängnis kommen. Das alles sind nur die jüngsten Auswüchse der gesetzgeberischen Neuerungen, die Liste des Irrsinns ließe sich lange fortsetzen.

Es gibt kein normales politisches Leben mehr in Russland, nur noch inszeniertes Theater. In der Duma sitzen

Sportler und Sänger und tun so, als würden sie Politik machen, im Föderationsrat sitzen Unternehmer und vertreten dort ihre geschäftlichen Interessen. Alles ist gleichgeschaltet. Wer irgendwie aus dem Raster fällt oder gar den Mund aufmacht, ist sofort weg vom Fenster. Kaum ein Analyst traut sich noch offen seine Meinung zu sagen. Hoch im Kurs stehen diejenigen, die das sagen, was gewünscht ist. Demonstrative Loyalität ist zur wichtigsten Bedingung geworden, wenn man Karriere machen will. Das ist einer der Gründe, warum massenhaft talentierte junge Menschen Russland verlassen. Sie sehen keine Zukunft in diesem System, das keine normalen Lebensbedingungen bieten kann. Russland hat, wie der Ökonom Sergej Gurijew so treffend sagt, keinen Bauplan für die Zukunft.

Der offiziellen Statistik zufolge verließen 2014 mehr als 300 000 Menschen Russland, damit sind wir zu den Zahlen von Anfang der 1990er Jahre zurückgekehrt. Und das ist nur die offizielle Statistik, die viele Emigranten gar nicht erfasst, weil sie einfach ausreisen und auf die Abmeldung verzichten. Nur deshalb übersteigt die Zahl der Einwanderer formell die der Emigranten.

Es ist von einem »Abwandern von qualifizierten Arbeitskräften« die Rede, während diejenigen, die nach Russland kommen, mehrheitlich Menschen mit geringem Ausbildungsniveau aus den benachbarten früheren Sowjetrepubliken sind, die keine politischen Forderungen haben, zumindest bis auf weiteres nicht. So ein enormer Emigrationsstrom hat weitreichende Folgen. Das wichtigste Kapital geht verloren – moderne Wirtschaft basiert nicht auf Rohstoffen, sondern auf Menschen.

Darüber hinaus ist es ein großes Problem, dass die Menschen in Russland keinen Zusammenhang sehen zwischen Wohlstand auf der einen Seite und Demokratie, Freiheit und Rechtsstaat auf der anderen. Für sie sind das völlig unterschiedliche Dinge, sie verstehen nicht, dass ein Kampf für Freiheit und Demokratie auch ein Kampf für ihr eigenes Wohlergehen ist, für ihre ureigenen Interessen. Die knapp zehn Prozent Russen, die schon einmal im Ausland waren, sehen zwar, dass in Europa oder in den USA ein ganz anderer Lebensstandard herrscht, aber sie führen das nicht auf das politische System zurück.

Es gibt stattdessen viele Mythen – etwa, dass Deutschland einzig und allein aufgrund des Marshallplans sein Wirtschaftswunder erlebte, wobei die Rolle der sozialen Marktwirtschaft, der Demokratie und des Rechtsstaates einfach ignoriert wird. Oder die Legende, dass die Amerikaner nur deshalb so wohlhabend sind, weil sie ständig Kriege führen und damit Kasse machen würden. Als ob das die Erfolgsgeschichte von Apple, Google oder Facebook erklären würde. Die alten Mythen der Sowjetpropaganda sitzen leider ganz tief in den Köpfen. Und, noch erstaunlicher, sie werden von Generation zu Generation weitergegeben.

Auch die Freiheit als solche stellt für eine Mehrheit der Menschen in Russland keinen Wert dar. Nehmen wir die Meinungsfreiheit: Wer braucht die, oder wer würde sie gerne nutzen? Journalisten und Fachleute, die ihre Meinung öffentlich machen möchten – für die meisten anderen ist die Meinungsfreiheit ein abstrakter Begriff. Die Leute erkennen nicht, dass ihnen Freiheiten konkreten Nutzen bringen können.

Es ist interessant, wie weit sich die Ideale in der russischen und in der amerikanischen Gesellschaft voneinander unterscheiden. In den USA gibt es einen Leistungskult: Man versucht, eine gute Ausbildung zu machen, dann einen guten Job zu finden und danach mit Leistung viel Geld zu verdienen.

In Russland ist zwar auch das Geld ganz oben auf der Prioritätenliste. Aber der bei uns am meisten verbreitete Traum ist, eine Stelle beim Staat oder in der Politik zu bekommen, auf der man maximal viel Geld unterschlagen kann. Deshalb sind auch die Zoll-Hochschulen und andere Bildungseinrichtungen, mit denen man Beamter werden kann, besonders gefragt. Und gleichzeitig gibt es in Russland einen Kult des Misserfolgs: Wenn jemand arm ist, ohne gute Arbeit, ohne alles, dann gilt das als ein Beleg für seine Ehrlichkeit und seinen Anstand. Die meisten Russen träumen zwar, wenn auch oft nur insgeheim, davon, selbst reich zu werden. Wenn jemand dann aber wirklich reich ist, dann gilt er gleich als Gauner oder als bestechlich. In den USA dagegen würde er wohl eher als erfolgreich gelten. Auch im russischen Fernsehen gibt es eine Renaissance der alten sowjetischen Filme, in denen einfache Menschen die Hauptfiguren sind: Traktorfahrer, Melkerinnen, Straßenarbeiter. Das ist sicherlich auch von Putin so gewollt.

Thematisch möchte ich noch einmal zurückkehren zur Frage, warum ich Russland verlassen habe. Nein, es war keine spontane Entscheidung, und nein, das wichtigste Motiv war keineswegs, dass ich Angst hatte, meinen Arbeitsplatz zu verlieren.

Das erste Ereignis, was mich in Schrecken versetzte, war ein Gespräch mit dem neuen Leiter der Sonderkommission, die den Mord an meinem Vater aufklären soll. Zunächst hatte Igor Krasnow die Verantwortung für die Untersuchungen; er ist ein erfahrener und gründlicher Ermittler. Unter seiner Führung wurden gleich fünf Verdächtige gefunden; über die Ermittlungen werde ich später ausführlich berichten. Ich habe den Eindruck, dass Krasnow mit seinen Ermittlungsergebnissen erfolgreich war. Nach zweieinhalb Monaten wurde er aber auf einen anderen Posten befördert. Zu seinem Nachfolger wurde Nikolaj Tutjewitsch ernannt, der Mann, der die Untersuchungen zum Mordfall Ruslan Jamadajew, dem früheren Kommandeur des tschetschenischen Sonderbataillons »Wostok«, führte. Es heißt, dass an diesem Mord der tschetschenische Präsident Ramsan Kadyrow beteiligt gewesen sein soll, da er in Konflikt mit dem Clan der Jamadajews stand. Zu diesem Zeitpunkt war bereits völlig offensichtlich, dass die Spuren im Mordfall Nemzow nach Tschetschenien führten.

Ich bin in den Ermittlungsprozess als »Geschädigte« eingebunden, ein Status, der in etwa dem eines Nebenklägers nach deutschem Recht entspricht. Mein erstes Treffen mit Tutjewitsch war wenig ergiebig. Er erzählte mir das, was ich ohnehin schon wusste, und auf meine Fragen hatte er keine überzeugenden Antworten. Gegen Ende des Gesprächs machte er aber eine Aussage, die mich leicht alarmierte: »Im Prinzip können wir Sie auch nicht rauslassen!« Er sagte das mit einem Lächeln, es war ein Witz. Aber mit solchen Sachen scherzt man nicht in der russischen Realität.

Der zweite Vorfall, der meine Entscheidung vorantrieb, war die Vergiftung von Wladimir Kara-Mursa junior. Der junge Journalist und Familienvater war ein enger Freund und langjähriger Mitstreiter meines Vaters, und auch ich pflege mit ihm eine freundschaftliche Beziehung. Wladimir arbeitet für die Stiftung Offenes Russland von Wladimir Chodorkowski, dem Gründer und früheren Chef des Yukos-Konzerns, der zehn Jahre lang in Russland als politischer Gefangener in Haft saß.

Ende Mai wurde Wladimir in kritischem Zustand in ein Krankenhaus eingeliefert, danach versagten wichtige Organe. Tagelang kämpften die Ärzte um sein Überleben; anfangs sagten sie, seine Chancen lägen bei fünf Prozent. Wochenlang befand er sich in einem Grenzbereich zwischen Leben und Tod. Es war schrecklich. Ich hatte riesige Angst, nach dem Tod meines Vaters noch einmal einen wichtigen Menschen zu verlieren, der mir sehr nahesteht. Wie durch ein Wunder überlebte Wladimir.

Es gibt keinen gerichtstauglichen Beweis dafür, dass er vergiftet wurde. Aber es gibt genauso wenig irgendeine andere Erklärung für das, was mit ihm geschehen ist. Ich bin überzeugt: Jemand trachtete ihm nach dem Leben wegen seiner kritischen Haltung als Politiker und Journalist. Dabei spielt eine Rolle, dass er im Gegensatz zu meinem Vater nicht groß in der Öffentlichkeit steht. Das Ziel der Tat bestand ganz offensichtlich darin, auch Andersdenkenden Angst einzujagen, die nicht in hervorgehobener Position für die Opposition tätig sind, aber sie erfolgreich unterstützen.

Dieser Mordversuch machte mir endgültig deutlich: Was in Russland passiert, ist schrecklich. Es ist gefährlich, hier zu leben. Man muss kein bekannter Oppositioneller sein, es reicht aus, jemandem im Weg zu stehen. Mehr noch, Angriffe auf Oppositionelle werden erst gar nicht bestraft – wie die wiederholten Übergriffe auf meinen Vater gezeigt haben.

Und es könnte sogar zu unkontrollierbarer Gewalt kommen, wie sie durch die aggressive Informationspolitik der russischen TV-Sender angeheizt wird. Wenn diese Sender Hetze betreiben, bringt das Menschen leider dazu, andere zu verfolgen und körperlich anzugreifen.

In den besonderen Fokus des russischen Fernsehens geriet im Sommer 2015 Maria Gaidar, die Tochter des russischen Reformarchitekten Jegor Gaidar. Sie wurde gezwungen, Russland zu verlassen, und beschloss, die ukrainische Staatsbürgerschaft anzunehmen. Jetzt arbeitet sie in einem Team von Michail Saakaschwili, dem Gouverneur der Region Odessa in der Ukraine. Das Leitmotiv gegen Maria war das Thema »Vaterlandsverrat«, das unsere Propagandisten so heiß lieben. Und ihre angeblich bescheidenen intellektuellen Fähigkeiten, die es ihr nicht erlaubten, sich in Russland zu verwirklichen. Auch ich wurde in dem Beitrag erwähnt. Dass ich das Vaterland und alles Russische verachten würde und ausgereist sei, weil ich völlig unprofessionell sei, wurde da behauptet. Im Westen dagegen stünden mir alle Wege offen, weil ich gegen Putin bin.

Es war durchaus wahrscheinlich, dass ich Opfer dieser »spontanen Gewalt« in Russland hätte werden können. In den sozialen Netzwerken drohte man mir gelegentlich damit, dass sich das Schicksal meines Vaters wiederholen könne. Ich nehme das ernst, weil ich glaube, dass dies nicht nur Verrückte schreiben. Die Erfahrung zeigt, dass man solche Nachrichten nicht ignorieren sollte. Am 15. Juli 2014, sieben Monate vor dem Mord, schrieb mein Vater eine Beschwerde an den Leiter des Ermittlungskomitees der Russischen Föderation Alexander Bastrykin und wies ihn darauf hin, dass er Morddrohungen erhalte. Aber die Strafverfolgungsbehörden reagierten nicht.

Ausschlaggebend für meine Entscheidung zu gehen war

dennoch nicht die Angst. Ich habe wenig Angst. Ich mag das Gefühl nicht, Angst zu haben. Natürlich hat jeder normale Mensch Angst um sein Leben. Wer Angst hat, wird sehr vorsichtig. Darum will ich die Angst nicht zulassen. Ich kann sie nicht einfach ausschalten, aber ich versuche, sie so gering wie möglich zu halten.

Ausschlaggebend für meine Entscheidung, Russland zu verlassen, war, dass mein Handeln in Deutschland weniger von Angst bestimmt wird. Es ist ein unangenehmes Gefühl, wenn man aus Angst etwas nicht tut, obwohl man es eigentlich tun möchte, ja tun müsste.

Ebenso entscheidend für meine Ausreise war die Tatsache, dass ich momentan aus dem Ausland mehr für mein Land tun kann als in Russland – auch für eine völlige und nach allen Seiten offene Aufklärung des Mordes an meinem Vater, die für mich oberste Priorität hat. In Deutschland habe ich die Boris-Nemzow-Stiftung für die Freiheit registrieren lassen. Unter Putin wäre das unmöglich. Ich werde erst zurückkommen, wenn Russland ein Rechtsstaat wird.

Den Entschluss, nicht nach Russland zurückzukehren, fasste ich, als ich im Mai 2015 in Berlin war: Die Friedrich-Naumann-Stiftung hatte mich eingeladen, am 27. Mai die 9. Berliner Rede zur Freiheit am Brandenburger Tor zu halten. Ich war am Tag zuvor in der deutschen Hauptstadt angekommen – genau an dem Tag, an dem Wladimir vergiftet wurde. Die schreckliche Nachricht erreichte mich im Hotel Maritim in der Friedrichstraße, vier Stunden vor meinem Auftritt.

Ich war mit einem einzigen Koffer aus Moskau abgereist, mit genauso vielen Sachen, wie ich sie für ein paar Tage brauchte. Das war alles, was ich an Materiellem aus meinem alten Leben mitgenommen hatte. Ich habe gelernt, in den nächsten Monaten mit diesem Minimum an Kleidung auszukommen. Es war eine wichtige Erfahrung, zu merken, wie wenig man eigentlich braucht.

Ich bin eine Überlebenskünstlerin. Wo habe ich nach dem Mord an meinem Vater nicht schon überall gewohnt! Bei Freunden, in Hotels und Pensionen in den verschiedensten Ländern. Das ist für mich okay. Ich bin nicht fest an einen Ort gebunden. Viele Russen wollen mir nicht glauben, dass ich nicht an der obligatorischen Nostalgie leide, also Heimweh nach Russland habe; und viele Nicht-Russen fragen mich, wie ich denn ohne die berühmte russische Seele zurechtkomme.

Ich fühle mich im Umgang mit Nicht-Russen sehr wohl; und es ist mir auch egal, in welcher Sprache ich kommuniziere; ich spreche gerne Englisch und auch Italienisch und ein wenig Deutsch. Ein Einteilen der Menschen in »Fremde« und »Landsleute«, wie es in Russland so verbreitet ist, liegt mir nicht.

Mein Vater war da anders. Ich denke, auch weil er aus einer anderen Generation stammt. Natürlich war er weltgewandt, aber dennoch war er auch durch und durch russisch; es war schwierig, sich ihn ohne Russland vorzustellen. In seinen Augen war es das größte Kompliment, das er Ausländern gab, wenn er sagte, er oder sie sei »wie ein Russe«.

Das erste bewegende Erlebnis direkt nach meinem Entschluss, in Deutschland zu bleiben, war für mich ein Besuch im früheren Stasi-Gefängnis im Stadtteil Hohenschönhausen, das heute eine Gedenkstätte ist. Der Direktor, der bekannte Historiker Hubertus Knabe, führte mich durch die Orte des Schreckens von einst – und übergab meiner Mutter und mir ein Kondolenzbuch, das er nach der Ermordung meines Vaters in der Gedenkstätte ausgelegt hat. Das Gefängnis wurde nach Kriegsende 1945 von der sowjetischen Besatzungsmacht als Speziallager für Andersdenkende genutzt. Erst später übergaben es die russischen Behörden der DDR. Hier sind also auch die Wurzeln des heutigen politischen Systems in Russland zu besichtigen. Hohenschönhausen ist ein Ort des Schreckens. Es verschlägt einem den Atem, wenn man versucht, sich das Leiden der Häftlinge in den unterirdischen Zellen ohne Licht vorzustellen. Einige Zellen wurden sogar zu Folterkammern umgerüstet. Wie grausam, wie verbrecherisch war dieses Regime! Und was ist es für eine Tragödie, dass sich die heutigen Herrscher im Kreml auf die Traditionen von damals berufen, stolz auf sie sind, statt sich von ihnen zu distanzieren und zumindest zu versuchen, etwas aus der Geschichte zu lernen. In Perm wurde vor kurzem ein Museum geschlossen, das an die Häftlinge des Gulags erinnerte. Stattdessen wurde jetzt eine Ausstellung eröffnet, die von dem Lagersystem erzählt und so den Mitarbeitern des Gulags ein Denkmal setzt.

Bei dem Rundgang in Hohenschönhausen konnte ich auch mit früheren Häftlingen sprechen. Es hat mich positiv überrascht, dass die Opfer von damals heute ganz offen über ihr Martyrium sprechen.

Hunderttausende Russen haben wie ich in den letzten Jahren ihr Land verlassen. Weil sie dort keine Perspektive mehr haben. Für viele von ihnen bedeutet das, dass sie ihre gesamte Existenz völlig neu aufbauen müssen. Ich hatte das

Glück, dass ich fast sofort einen Arbeitsplatz in Deutschland fand – bei der russischen Redaktion der Deutschen Welle. Damit kann ich mein Herzensanliegen und meine Arbeit miteinander verbinden. In Deutschland kann man wirklich unabhängiger Journalist sein, in Russland aber werden unabhängige Journalisten als politische Aktivisten betrachtet. Es war nicht so, dass ich Deutschland für mein Exil ausgewählt habe – sondern umgekehrt: Deutschland hat mich ausgewählt. Die Menschen hier sind sehr an Russland interessiert, viel mehr als in Großbritannien, Frankreich, Spanien und Italien. So gab es auch gleich nach dem Mord an meinem Vater große Sympathien für mich – und Interesse an meinem Schicksal.

Deutschland ist für mich eine Entdeckung – und zwar eine, die ich nur aufgrund des Mordes an meinem Vater machte, so makaber das auch ist. Ich sage es ganz offen: Ich hatte vorher wenig Berührungspunkte mit Deutschland. Meine Vorstellung von den Deutschen beschränkte sich auf die üblichen Stereotype – im Nachhinein sehe ich das selbstkritisch. Umso größer war meine Überraschung, als ich in den schwersten Tagen, Wochen und Monaten meines Lebens ausgerechnet aus Deutschland am meisten Unterstützung bekam.

Ich bin mir bewusst, dass auch in Deutschland Schwierigkeiten auf mich zukommen werden – die gehören einfach zum Leben dazu, das weiß ich. Jedes Land hat seine Vorzüge und seine Nachteile. Natürlich ist es nicht einfach, in einem Land zu leben, wenn man dessen Sprache noch nicht gut sprechen kann. Aber ich bin fest entschlossen, Deutsch zu lernen, mich mit den Regeln und Gewohnheiten in Deutschland vertraut zu machen und mich an diese zu halten. Ich bin überzeugt: In einer freien, offenen Gesellschaft, in einem Rechtsstaat mit verbindlichen Spielregeln ist jeder in der Lage, seinen Platz zu finden.

Ich bin in meinem Leben schon oft umgezogen. Nur der erste Umzug ist schwierig, die anderen tun nicht mehr weh. So habe ich sehr gelitten, als ich im Alter von dreizehn Jahren mit meinen Eltern von der Provinzstadt Nischni Nowgorod nach Moskau gezogen bin. Später dann war es nicht mehr so. 2012, nach der Scheidung von meinem Mann, lebte ich in Moskau zur Miete und musste innerhalb kurzer Zeit gleich mehrmals die Wohnung wechseln.

Ich bin wirklich sehr mobil. Man könnte meinen, ich muss Nomaden unter meinen Vorfahren haben. Nach meiner Entscheidung, Russland zu verlassen, habe ich eine Zeitlang in Italien gewohnt, habe dort sogar in der Nähe von Mailand gemeinsam mit meiner Mutter eine kleine Wohnung gekauft, als wir unsere Moskauer Wohnung verkauft hatten. Ich fühle mich dort zu Hause, ich fühle mich jetzt in Deutschland zu Hause, ich bin eine Weltbürgerin.

Interessanterweise treffe ich mich hier in Deutschland viel öfter mit Freunden, als das in Moskau der Fall war. Dort sind immer alle beschäftigt. Jetzt kommen viele zu Besuch. Und ich habe viele neue Freunde gefunden.

Die russische Propagandamaschine

Putins Anziehungskraft auf die Wähler und seine Macht beruhen, so mein Vater, auf zwei Säulen, nämlich auf hohen Ölpreisen und auf Propaganda. Seit dem Jahr 2000 sind die Ölpreise stetig gestiegen, nur 2008 gab es kurzzeitig einen starken Rückgang. Im Jahr 2014 allerdings sind die Ölpreise um mehr als das Doppelte gesunken, und es scheint so, als hätte eine Ära der niedrigen Energiepreise begonnen. Weil Russland seit Putins Herrschaft noch abhängiger von den Erträgen aus dem Verkauf von Rohstoffen geworden ist, werden die niedrigen Ölpreise unweigerlich zu einer Abwertung des Rubels führen und damit zu einer Rezession und zu Haushaltskürzungen im sozialen Bereich, in der Bildung und auf dem Gesundheitssektor. Wenn man die Abhängigkeit Russlands vom Import betrachtet, wird darüber hinaus die Inflation ansteigen. Bislang hatte die Wirtschaftskrise keine Auswirkungen auf die außerordentliche Popularitätsrate Putins: Sie liegt immer noch bei für westliche Politiker beispiellosen 87 bis 90 Prozent.

Putin hat jetzt nur noch ein Instrument, um seine Macht zu sichern – das sind die fast vollständig kontrollierten Medien. Und bisher funktioniert das prima. Das Lewada-Zentrum, ein gemeinnütziges und unabhängiges russisches Meinungsforschungsinstitut, führte im September 2015 eine entsprechende Umfrage durch. Genauer gesagt:

zwei Wochen vor dem Beginn von Putins Operationen in Syrien und dann noch einmal zehn Tage danach. Im September waren 69 Prozent der befragten Russen gegen eine militärische Unterstützung Syriens. Im Oktober hingegen befürworteten 72 Prozent der Befragten die Luftangriffe auf Stellungen des IS in Syrien. Die Wirkung der Propaganda ist offensichtlich. Diese Kehrtwende lässt sich nur so erklären, dass die Mehrheit der Russen keine festen politischen Ansichten hat und auch kein Verständnis dafür, was tatsächlich geschieht.

Ekaterina Schulman, eine russische Politologin und Kolumnistin der Zeitung *Wedomosti*, beschreibt die Situation so:

»Schauen Sie sich die russischen 87 Prozent an, die alles gutheißen, von militärischen Übergriffen bis zu den Lebensmittelsanktionen [die gegen die EU, USA und die Türkei gerichteten Embargos für die Einfuhr einer Reihe von Lebensmitteln nach Russland, *Anmerkung der Autorin*]. Auf die Frage ›Billigen Sie die?‹ antworten sie mit ›Ja‹. Aber sie tun nichts. Sie melden sich nicht für die Freiwilligenbataillone, sie gehen nicht zu Pro-Kriegs-Meetings. Sie gehen nicht einmal besonders gerne zu Wahlen. Die Propaganda formiert mit rasender Geschwindigkeit die Meinung von solchen Menschen, deren Meinung keine Bedeutung hat. Nicht, weil sie Menschen ›zweiter Klasse‹ wären, sondern weil ihre Ansichten nicht mit ihren Handlungen verbunden sind. Sie können Zustimmung für die Regierung leisten, aber keine Unterstützung, man kann sich nicht auf sie verlassen. Das Regime versteht mit seinem Reptilienhirn (dies ist kein Schimpfwort), dass 87 Prozent nicht das Subjekt des politischen Prozesses sind. Bedeutung hat nur die Meinung der aktiven Minderheit.«[3]

Und so wird die Propagandamaschine mit ihrer ganzen Schlagkraft auf diese Minderheit losgelassen. Außerdem werden ständig neue repressive Gesetze verabschiedet. Das alles wird gemacht, obwohl die Propagandisten nicht müde werden, zu sagen, dass die Liberalen und die Demokraten keine Bedrohung für das Regime darstellen, auch mein Vater nicht, und sich keiner für sie interessiert.

In seine Propagandamaschine investiert Putin eine Menge Geld. Im Jahr 2013 rangierte Russland bei der öffentlichen Finanzierung der Medien weltweit auf Platz eins und übertraf damit China, Europa und die Vereinigten Staaten – mit 48,65 Milliarden Rubel im Jahr. Umgerechnet in US-Dollar waren das nach damaligem Wechselkurs 1,6 Milliarden, die die kremlnahen Medien erhielten. Russland gibt unter Putin zweimal mehr aus als die Vereinigten Staaten: Im Jahr 2013 hat die Obama-Administration 756 Millionen Dollar investiert.[4]

Der bekannte russische Journalist Oleg Kaschin, der im November 2010 brutal verprügelt wurde, geht sowieso davon aus, dass Putin eine vollständig vom Fernsehen geschaffene Figur ist. Darüber schrieb er in dem Bericht *Putin. Krieg*[5], der nach dem Tod seines Vaters auch mit dessen Texten veröffentlicht wurde.

Die russische Propaganda ist sehr aggressiv und auch darauf ausgerichtet, Feindschaft und Hass gegenüber anderen Nationalitäten und sozialen Gruppen zu säen. Daher ist es möglich, sie als kriminell zu bezeichnen, auch vom Standpunkt des russischen Strafrechts aus. Doch das Gesetz in Russland wird selektiv angewandt, sprich: Im Wesentlichen wird der Paragraph »Anstiftung zu Hass und Feindschaft« gegen die Opposition eingesetzt.

Die Propagandisten aber bekommen staatliche Auszeichnungen: Der beliebte Moderator Wladimir Solowjow etwa erhielt eine Medaille »Für die Krim«, und Dmitri Kisseljow, ein berüchtigter russischer Journalist und Moderator der wöchentlichen Sendung *Westi Nedeli*, die sogar manche Kinder für Comedy halten, bekam 2015 den wichtigsten nationalen Fernsehpreis, den »TEFI«, für das beste Nachrichtenprogramm. Kisseljow steht übrigens wegen seiner propagandistischen Tätigkeiten auf der Sanktionsliste der EU.

Mein Vater hatte deshalb dazu aufgefordert, Sanktionen gegen die Propagandisten zu verhängen:

»Diejenigen, die Medaillen für die Annexion der Krim per Geheimerlass erhalten haben – das sind keine Journalisten. Diese gierigen Propagandisten haben den journalistischen Beruf verraten, sie sind unmoralische Kämpfer an Putins Front, die Hass schüren und Feuergefechte provozieren. Sie sollten unter die Sanktionen fallen. Das ist eine Komödie – Menschen werden Orden und Medaillen per Geheimerlass verliehen, während sie formell Journalisten sind. Putin betrachtet sie als Spione, Saboteure, Informationskrieger. Er verhält sich ihnen gegenüber nicht so, wie man sich gegenüber Journalisten verhält. Sie bekommen die Aufgabe, böse Dinge und Gemeinheiten zu schreiben, nur bestimmte Ausdrücke zu verwenden, Gehirnwäsche zu betreiben, zu lügen. Sie sind Kriegstreiber. Sie gießen Benzin in die Gehirne.«[6]

Diejenigen, die Opfer der Informationsangriffe werden, sind nicht zu beneiden. Der amerikanische Professor Kendrick White, der mehr als 22 Jahre in Russland gelebt hat, wurde als Prorektor der Lobatschewski-Universität Nischni Nowgorod entlassen, an der, nebenbei bemerkt, mein Vater sein Studium absolviert hat. Zwei Tage vor Whites Rauswurf war in einer Sendung von Dmitri Kisseljow über die Initiative des Föderationsrats berichtet worden, eine patriotische schwarze Liste zu erstellen, auf die Einzelpersonen und Organisationen kommen sollten, die für Russland destabilisierend seien. Kendrick White war als einer der möglichen Kandidaten genannt worden.

Die Leiterin der Umweltschutzorganisation Planet der Hoffnungen, Nadeschda Kutepowa, aus der kleinen Stadt Osersk im Ural im Gebiet Tscheljabinsk wurde gezwungen, Russland zu verlassen, nachdem ihr Putins Medien Industriespionage vorgeworfen haben. Ja, die russischen Medien – sie sind Teil der repressiven Maschine, sie können jemandem Straftaten vorwerfen, und mit einer hohen Wahrscheinlichkeit führt dies dann auch zu einer strafrechtlichen Verfolgung.

Fast alle politischen Angelegenheiten – übrigens auch die schlagzeilenträchtigen Rücktritte von Putins Beamten – beginnen damit, dass in den landesweiten TV-Kanälen »Pseudo-Enthüllungen« ausgestrahlt werden, also Vorwürfe, die oft nicht den Tatsachen entsprechen und zum Teil erlogen sind. Das war so im Fall des russischen Anwalts und Oppositionspolitikers Alexei Nawalny und seines Bruders

Oleg, die wegen Veruntreuung von Geldern im Zusammenhang mit dem staatlichen Holzbetrieb Kirowles angeklagt waren. Der Strafprozess der beiden wurde begleitet von Reportagen im Fernsehen, in denen sie als Kriminelle bezeichnet wurden – noch bevor es zu einem Gerichtsurteil gekommen war.

Die Ermittlungen zur Bolotnaja, einer Protestaktion im Mai 2012 auf dem Bolotnaja-Platz in Moskau, begannen, nachdem bei NTW der Film *Anatomie des Protestes* gezeigt wurde, der basierend auf einem Video, das ein unbekannter Augenzeuge von der Straße aufgenommen hatte, zusammengeschnitten wurde. Das Ergebnis war, dass gegen 33 Personen strafrechtlich ermittelt wurde. 17 Personen wurden inhaftiert, einige von ihnen sind begnadigt worden, und einige haben bereits ihre Strafe verbüßt. Aber das Verfahren geht weiter, obwohl der Europäische Gerichtshof für Menschenrechte (EGMR) den ersten drei Klagen von Angeklagten in diesem Strafverfahren – den Klagen von Leonid Kowjazin, Artjom Sawelow und Ilja Guschtschin – stattgegeben hat. Das Gericht räumte ein, dass die russischen Behörden die Menschenrechtskonvention verletzt haben, unter anderem das Recht auf ein Urteil innerhalb angemessener Frist und das Recht, Freisetzung während des Verfahrens zu gewährleisten.

Auch drei Jahre nach dem Bolotnaja-Marsch gibt es noch weitere Festnahmen. Jeden Tag können Ermittler jemanden in dieser Sache verhaften oder neue Gerichtsverfahren einleiten. Die Regierung instrumentalisiert dieses Strafverfahren, um gegen die Opposition vorzugehen und die Aktivisten der Zivilgesellschaft einzuschüchtern.

Politische und zivilgesellschaftliche Aktivisten und Menschenrechtsaktivisten wissen, dass die bloße Erwähnung ihres Namens in der Sendung eines landesweiten TV-Kanals zwangsläufig zu einer Befragung im Ermittlungskomitee und zu Durchsuchungen führt. Und die bei so einer Durchsuchung beschlagnahmten Materialien werden mit den für die Ermittler notwendigen Änderungen und Ergänzungen in der nächsten Sendung gezeigt.

Deshalb habe ich darauf bestanden, dass Olga Schorina, eine Kollegin meines Vaters, aus Russland ausreist, nachdem sie in einem NTW-Film über die Proteste im September 2015 als »Organisatorin des blutigen Sonntags« bezeichnet wurde. Olga hat dann auch am Tag nach Ausstrahlung des Films das Land verlassen.

Wir haben es also nicht mit einer harmlosen Propaganda oder mit Lügen zu tun, die Putin verherrlichen. Unsere staatlichen Medien verletzen die Menschenrechte grob. Sie sind zu einem integralen Bestandteil des repressiven Staatsapparats geworden. Sie sind keine unabhängige vierte Macht. Das ist der Grund, warum mein Vater dazu aufgerufen hatte, die Chefs der landesweiten Kanäle in die Sanktionslisten der EU und der Vereinigten Staaten aufzunehmen. Nach dem Mord an meinem Vater haben Michail Kasjanow und Wladimir Kara-Mursa eine »Nemzow-Liste« erstellt, auf der acht Propagandisten genannt werden, die die Menschenrechte grob verletzen. Sie wurde nach den gleichen Kriterien wie das Magnitski-Gesetz zusammengestellt, das vom US-Kongress im Jahr 2012 verabschiedet wurde und Sanktionen gegen vier Russen verhängte, die vergleichbare Taten begangen hatten.

Bisher allerdings sind die acht Propagandisten ungestraft geblieben. Noch genießen sie alle Vorteile der europäischen

Zivilisation, über die sie so demonstrativ im russischen Fernsehen herziehen, und gleichzeitig lieben sie es, im Westen Immobilien zu kaufen, hier ihre Ferien zu verbringen und ihre Kinder ausbilden zu lassen.

Mein Vater sagte: Die russische Propaganda ist eine Massenvernichtungswaffe.»Dies ist nicht ein Informationskrieg gegen die Russen, es ist Informationsterror, Putin hat das Gehirn des russischen Menschen aufgegessen. Es wurde ersetzt durch ein Implantat von Putins Lügen über den Kosovo, über den Kampf gegen die Faschisten und Bandera, die Junta, das ist einfach eine Implantation einer KGB-Ladung in die Gehirne von so vielen Menschen. Das ist geistiger Terrorismus.«[7]

Das Fernsehen spiegelt nicht die russische Realität wider, sondern berichtet über alles andere, und das dann auch noch ideologisch gefärbt. Die Menschen erfahren in den Nachrichten nicht, was in Russland geschieht, sie erfahren dafür genau, was der Alltag von Saakaschwili in Odessa ist, wie die Wetterprognose für Syrien ausfällt, ob das Wetter dort geeignet ist für Bombardierungen oder nicht, was in der Türkei, in Montenegro und im Westen geschieht, der von Flüchtlingen überlaufen wird. Im Dezember 2014, als der Rubel an einem einzigen Tag 30 Prozent gegenüber dem Dollar verlor, war bezeichnenderweise nur die Situation in der Ukraine Thema.

Die russische Propaganda weckt darüber hinaus niedere Instinkte, indem sie Menschen dazu ermutigt, unmenschlich zu sein, und zwar zu den »Feinden«, die das russische Fernsehen erfunden hat. So hat etwa der bekannte russische Regisseur Oleg Tabakow Folgendes über die Ukrainer gesagt: »Sie sind nicht sehr aufgeklärt. Das hat schon meine

Großmutter gesagt, wenn sie sich aufregte: ›Spuck auf sie! Das sind finstere und ungebildete Menschen.‹ [...] Sie tun mir leid, verstehen Sie? Sie sind in irgendeiner Weise armselig. Und jetzt sage ich Ihnen einen völlig sakralen Gedanken. Das wirkliche Elend besteht doch darin, dass zu allen Zeiten die besten Vertreter ihres Intellekts, ihrer Literatur, im Vergleich mit den Russen auf Platz zwei oder drei waren.«[8]

Tabakow hat sich später für diese Aussage entschuldigt, aber das ändert nichts daran, dass er sie gemacht hat und – vor allem auch – dass sie im Fernsehen gesendet wurde. Stellen Sie sich so etwas umgekehrt vor. Wie würde man in Deutschland reagieren, wenn jemand öffentlich so über Russen herziehen würde? Das zeigt, wie inhuman das System ist, das Putin errichtet hat.

Die russische Propaganda wirkt auch auf meine Landsleute im Ausland: Nach verschiedenen Schätzungen gibt es in der Bundesrepublik zwischen vier und sechs Millionen russischsprachiger Menschen. Viele von ihnen sehen russische Fernsehsender. So wirkt die Propaganda auch hier.

Mir sagte der Gründer der Mobilfunkgesellschaft Euroset, ein bekannter russischer Geschäftsmann: Das Tao des Putinismus bestehe darin, einen europäischen Pass zu haben, außerhalb der Grenzen Russlands zu leben und russisches Fernsehen zu schauen. Auf diese Weise könne man alle westlichen Güter nutzen, habe einen normalen Lebensstandard und soziale Sicherheit – und man könne sich aus sicherer Entfernung darüber freuen, dass Russland unter Putin wieder eine »Großmacht« wurde.

Der Arm der russischen Propaganda ist lang. So wird bei den Pegida-Demonstrationen in Dresden die russische Trikolore geschwungen. Und auch in *The Economist* war zu lesen, dass die extremen rechten Parteien und Bewegungen in Europa, die derzeit großen Zulauf haben, mit dem Kreml sympathisieren und ihn sogar unterstützen. Und umgekehrt: Diese politischen Kräfte haben von Putin Darlehen und Zuschüsse erhalten: wie etwa die französische rechtsextreme Partei Front National von Marie Le Pen. Sie erhielt 2004 neun Millionen Euro als Kredit von einer russischen Bank.

Putin hat immer wieder öffentlich geäußert, dass er gegen eine Einmischung anderer Länder in die inneren Angelegenheiten Russlands ist. Doch in den beiden vergangenen Jahren hat er selbst genau das getan.

Was ich über Russland denke

Seit meiner Ausreise habe ich an keinem Tag bereut, dass ich Russland verlassen habe. Nicht, weil ich keine Patriotin bin, sondern weil die Atmosphäre in meinem Heimatland gekippt ist. Alle haben Angst. Der Kampf ums Überleben stellt die Menschen dort ständig vor moralische Dilemmata: Sie müssen andere verraten – und nicht nur Menschen, sondern auch ihre Ideale. Wenn ich heute an Russland denke, ist die erste Assoziation, die mir in den Kopf kommt, dass dort mein Vater umgebracht wurde. Dass die Ermittlungen so stockend vor sich gehen, verschärft das unangenehme Gefühl meiner Heimat gegenüber noch.

Bitter ist mir auch aufgestoßen, dass mir von manchen Vorwürfe gemacht wurden, weil ich das Land verlassen habe. Das ist absurd! Ich bin weder vor einem Ermittlungsverfahren weggelaufen, noch hatte ich irgendein politisches Amt inne. Ich bin ein Privatmensch und kann leben, wo ich will. Aber selbst so viel Freiheit wird im heutigen Russland nicht mehr akzeptiert. Selbst wenn man sich die Freiheit nimmt, im Ausland etwas Kritisches über das Vaterland zu sagen, wird das in Russland nicht gern gesehen.

Den Menschen hier wird ständig eingeredet, es gebe keine Alternative zu Putin. Diese Behauptung ist einer der Grundpfeiler seiner Macht. Sie erklärt, zumindest teilweise, die hohen Zustimmungsraten für ihn. Viele Menschen sagen sich: »Wenn nicht Putin, wer dann?« Das kommt daher, dass es keine normale Konkurrenz gibt, und zwar in allen Lebensbereichen und eben auch in der Politik. Außerdem haben wir es mit pseudopatriotischen Gefühlen zu tun, die vor allem durch die Annexion der Krim beflügelt wurden, aber dann bald wieder nachgelassen haben.

Eigentlich sind die hohen Beliebtheitswerte von Putin jedoch weniger aussagekräftig, als sie scheinen. Ja, sie liegen, wie gesagt, wirklich bei 87 bis 90 Prozent, aber diese 87 bis 90 Prozent unterstützen Putin nur passiv, so der Soziologe Denis Wolkow vom Lewada-Zentrum: Diese Unterstützung wird sich sofort in Luft auflösen, sobald Putin nicht mehr Präsident ist. Genauso ist es Juri Luschkow ergangen, dem Bürgermeister von Moskau. Seine Popularitätsrate war hoch, aber 2010, als er entlassen wurde, fiel sie binnen weniger Wochen in sich zusammen. (Nebenbei bemerkt: Die landesweiten Fernsehkanäle enthüllten Luschkows Machenschaften kurz vor dessen Entlassung – plötzlich, als ob man all die Jahre nichts davon gewusst hätte.)

Wenn es also hart auf hart kommt, wird niemand freiwillig für Putin öffentlich demonstrieren. Schon jetzt machen das nur Menschen, die Geld dafür bekommen. Ganz im Gegensatz zu den Kremlgegnern – sosehr Putin und seine Propaganda das auch weismachen wollen, von ihnen bekommt keiner Geld, sie gehen freiwillig für ihre Überzeugungen auf die Straße.

Ich höre immer wieder die Ansicht, man müsse nur auf die Jugend in Russland setzen, dann werde sich mit der Zeit schon alles zum Guten wenden. Und manche Leute in meinem Alter haben meinem Vater zu Lebzeiten vorgeworfen, er mache den Weg für die junge Generation nicht frei. Beides trifft nicht zu, und Letzteres ist sogar eine glatte Lüge: Gerade mein Vater hat die jungen Demokraten und Liberalen unterstützt, wo er nur konnte. Darin sah er unter anderem seine Mission, und als einer der ältesten liberalen Politiker Russlands hat er nicht krampfhaft an seiner Position festgehalten, im Gegenteil: In einem Interview hat er einmal gesagt, dass er keinerlei Ämter brauche und es ihm völlig ausreiche, Boris Nemzow zu sein.

Und wie schon gesagt, auf die Jugend in Russland kann man nicht setzen. Der Anteil derjenigen, die liberal und demokratisch sind, ist gering. Die meisten wollen einfach nur viel Geld verdienen und Beamte werden, weil Staatsunternehmen bessere Gehälter bezahlen können. Konkret heißt das laut einer Umfrage vom Lewada-Zentrum[9]: Einer von vier jungen Menschen will in der Regierung arbeiten und jeder fünfte in den Sicherheitsbehörden, während nur fünf Prozent der Befragten bereit sind, etwas Eigenes auf die Beine zu stellen. Meine Generation und vor allem die Generation, die jünger ist als ich, sind Putin-Generationen.

Das Sein bestimmt das Bewusstsein, sagte schon Karl Marx. Und damit hatte er recht. Die Menschen neigen im Wesentlichen dazu, sich anzupassen, und sie wollen sich eher nicht ändern, vor allem, wenn sie glauben, dass sich Veränderungen nicht realisieren lassen.

Natürlich gibt es auch Ausnahmen, junge Leute, die sich gegen die Politik der russischen Regierung engagieren. In meinem Bekanntenkreis gibt es einige, die noch bis vor kurzem unpolitisch waren, aber klug sind und sich Sorgen machen angesichts der aktuellen Entwicklungen. In einem Fall hat sich sogar ein Kollege und Bekannter von mir geweigert, zu einem der großen staatlichen Fernsehsender zu wechseln, obwohl das für ihn ein Karrieresprung gewesen wäre. Er sagte:»Ich habe keine Lust, über Putin zu berichten.« Und so geht es vielen Menschen: Sie wollen Abstand von der Politik. Die armen Kollegen bei den Medien, die der Kreml kontrolliert, haben ja den Auftrag, in jeden ihrer Beiträge patriotisches Gedankengut einzustreuen. Das muss man sich mal vorstellen. Ob jemand ein guter oder schlechter Journalist ist, hängt davon ab, wie gekonnt er diesen Auftrag umsetzt.

Ein anderer Kollege von mir, der zu einem der Staatssender wechseln wollte, bekam beim Vorstellungsgespräch die Aufgabe, zu erklären, wie die Griechenlandkrise zum Zusammenbruch von Europa führen wird. In Russland nennt man das»Patriotismus erzeugen«. Zum Patriotismus gehört auch die Freude über das Elend der Feinde, also das Elend des Westens. Das Putin-Regime demonstriert seine Stabilität und die Richtigkeit seiner Politik der starken Hand, indem es behauptet, dass Toleranz und Menschenliebe zwangsläufig zum Untergang der westlichen Zivilisation führten.

All das wiederum hat zur Folge, dass aktuelle politische Zusammenhänge falsch eingeschätzt und Schwerpunkte in der Berichterstattung absurd gewählt werden. Als der konservative Andrzej Duda die Präsidentschaftswahlen in Polen gewann, kommentierte der Chefredakteur der Morgennachrichten bei uns im Sender RBK das Wahlergebnis wie folgt:»Ich habe eine gute und eine schlechte Nachricht. Die schlechte ist, dass mit Duda der Kandidat in Polen gewonnen hat, der kritischer gegenüber Russland ist als sein Vorgänger und Konkurrent Komarowski. Die gute Nachricht ist: Er ist Euroskeptiker und stellt die Lebensfähigkeit der EU als einheitlichen politischen und wirtschaftlichen Organismus in Frage.« Es wird also völlig verdrängt, dass diese EU unser wichtigster Handelspartner ist und ihr Zusammenbruch auch für uns schwerwiegende Folgen hätte.

Solchen Blödsinn sagen sogar Leute, die eigentlich ganz anderer Meinung sind. Sie sagen das, weil sie wissen, dass es von ihnen erwartet wird. Sie glauben, dass sie ihre Karriere noch ein bisschen schützen können, wenn sie bei diesem »Contest des Irrsinns« lautstark mitsingen. Diese Dekadenz hat ein schier unglaubliches Ausmaß erreicht. Ich kann das Verhalten meiner Kollegen nachvollziehen und habe Verständnis dafür, insgesamt aber ist diese Entwicklung unglaublich traurig.

Eine Woche bevor mein Vater getötet wurde, fuhren wir zusammen mit dem Zug von Moskau nach Jaroslawl. Als wir gerade eingestiegen waren, schrieb mir ein Kollege eine SMS. Ein kluger Mann, der eigentlich in den Journalismus wollte und auch vorhatte, Dokumentarfilme über soziale Probleme zu machen. Er hatte zunächst als Regieassistent gearbeitet und wurde dann Cutter. Ich war ihm sympathisch, unsere Beziehung ging aber nie über eine Freundschaft hinaus, ja und sie konnte es auch gar nicht, da zu diesem Zeitpunkt mein Herz schon einem anderen Mann gehörte.

In ein paar Tagen war die Masleniza, ein russisches Fest, das in etwa der deutschen Fastnacht entspricht und zu dem man zusammen Pfannkuchen isst. Deshalb wollte mein Kollege mich zu Hause besuchen.

Außerdem sollte in Moskau der sogenannte »Anti-Maidan« stattfinden, eine Demonstration für die Machthaber und gegen die Opposition; da geht kaum einer hin, es sei denn, er bekommt, wie schon gesagt, Geld dafür – was zeigt, was von den Meinungsumfragen zu halten ist, die 80 Prozent Unterstützung bescheinigen. Mein Vater sagte immer: »Ein Monat freies Fernsehen, und das System bricht zusammen.«

Mein Kollege war auch ins Blickfeld der Organisatoren geraten. Ihm wurden tausend Rubel angeboten, wenn er zu besagter Demonstration kommen würde – umgerechnet damals gut zwanzig Euro. Da er nicht viel verdient, hätte er das Geld eigentlich ganz gut brauchen können. Aber er weigerte sich. Er sagte: »Das ist gegen meine Überzeugungen.«

Und genau das habe ich meinem Vater während der Zugfahrt erzählt und ihm gesagt: »Siehst du, Papa, es gibt junge Leute mit festen Überzeugungen!«

Mein Vater antwortete: »Sag ihm doch, er soll trotzdem hingehen und heimlich aufnehmen, wie die anderen Geld bekommen. Wir veröffentlichen dann später dieses Video. Wir machen alles anonym, sein Name wird nirgends erscheinen. Wenn er zu dir zur Masleniza kommen will, wenn er dich sympathisch findet, dann kann er das doch für dich tun!«

Ich habe ihm das dann geschrieben. Die Antwort kam schnell: Er schrieb, er sei unpolitisch, und solche Sachen mache er nicht. Mein Vater wurde richtig wütend: »Das ist feige, das ist übel! Mach dem bloß keine Pfannkuchen! Nie!«

Später schrieb mir der Kollege, er könne seine Freunde bitten, dass sie die Videos machen, aber für solche Aufnahmen wollten sie ihrerseits wiederum Geld. Mein Vater wurde noch wütender. »Die können mich alle mal«, ärgerte er sich, und er schimpfte lange über meine Freunde.

Boris Nemzow im Alter von 46 Jahren

Schanna Nemzowa mit ihren Eltern in Nischni Nowgorod

Mit ihrem Vater zu Hause ...

... und in der Administration von Nischni Nowgorod, als
Boris Nemzow Vizepremier von Russland war.

Bei einem Konzert in Nischni Nowgorod 1997

Das Team in Nischni Nowgorod, das die Lastwagen privatisierte

Die erste Lastwagen-Privatisierung in Russland,
1992 in Nischni Nowgorod

Eine Auktion in Nischni Nowgorod anlässlich der
Privatisierung der Lastwagen

Treffen mit Boris Jelzin, Juli 1997

Premierminister John Major, Boris Nemzow und Ann Poletti
vom ICF in Nischni Nowgorod

Raisa Nemzowa, die Mutter von Schanna Nemzowa, mit
Norma Major, der Ehefrau des britischen Premierministers

Wahlkampf um das Bürgermeisteramt in Sotschi, 2009

Ich muss ihm leider zustimmen. Selbst die meisten von denjenigen, die bestens verstehen, was passiert, und es verurteilen, warten nur ab und hüten sich davor, etwas gegen dieses Regime zu unternehmen. Das Maximale, was sie tun, ist, etwas auf Facebook oder auf vkontakte, dem russischen Pendant des US-Netzwerks, zu posten. Übrigens: Die Pfannkuchen hat mein Kollege nicht bekommen, und wir haben seither keinen Kontakt mehr. Vielleicht war das auch sein Glück.

Unter meinen Freunden gibt es auch einige, die ihre Angst überwunden haben und öffentlich das System kritisieren – zumindest, wenn sie im Ausland sind. Aus Erfahrung weiß ich mittlerweile, dass so etwas leichter ist, wenn man sich in einem freien Land bewegt. Seine Angst kann man nicht sofort besiegen, das ist ein schrittweiser Prozess. Und wenn es einem dann schließlich gelingt, dann ist das ein sehr angenehmes Gefühl. Es kann sogar das Heimweh überdecken.

Wie soll sich eine Gesellschaft entwickeln, in der so viel Angst herrscht: Angst vor einem falschen Mausklick im Internet, vor einer Videoaufnahme, auf der man neben dem falschen Menschen steht, vor einem falschen Wort in der Schule? Ohne Freiheit wird es keinen Fortschritt in Russland geben. Denn eine moderne Gesellschaft ist eine Ideengesellschaft. Wenn die Menschen nicht frei reden können, ja schlimmer noch, nicht frei denken können, dann können sie auch nicht kreativ sein, dann kann es keinen Fortschritt geben.

Ich spürte das an mir selbst. Als ich noch beim russischen Sender RBK gearbeitet habe, musste ich jedes Wort auf die Goldwaage legen. Nur Menschen, die so eine Situation selbst erlebt haben, wissen, wie belastend das ist und wie viel Energie und Geisteskraft einem dabei genommen werden. Ich glaube, das ist einer der Gründe, warum autoritäre Regime nicht innovativ sein können. Und weil deshalb in Russland nichts vorangeht, wurde das Innovationszentrum Skolkowo unter dem Präsidenten Dmitri Medwedew gegründet. Hier soll ein Forschungs- und Industriegebiet wie das Silicon Valley in den Vereinigten Staaten errichtet werden, so die Vorstellung der Regierung. Das ganze Unterfangen scheiterte, weil es nicht ausreicht, ein modernes Gebäude aus Glas und Beton zu bauen, sondern es den nötigen kreativen Freiraum braucht, um neue Ideen zu entwickeln.

Heute weiß ich, wie befreiend es ist, nicht mehr diese Schere im Kopf zu haben. Ich kann einfach sagen, was ich denke und was mich bewegt. Diese Freiheit ist so wichtig. Genau aus diesem Grund dürfen wir nicht wegschauen, wenn die Freiheit in Ländern wie Russland mit Füßen getreten wird – wie das leider in Deutschland noch zu viele Menschen tun.

Lange Zeit habe ich selbst die politische Entwicklung in Russland eher passiv verfolgt. Putin gegenüber war ich gleichgültig. Ich habe mich ein einziges Mal öffentlich über ihn geäußert, und da habe ich gesagt, ich fände es gut, dass unser Präsident auf seine Gesundheit achte – im Gegensatz zu seinem Vorgänger Jelzin. Wegen dieser Äußerung wurde mir später vorgeworfen, ich sei für Putin. Das ist Unsinn. Natürlich war mir klar, dass viel schiefläuft in meinem Land. Aber mein Vater war ja schon politisch so engagiert, er kämpfte so beherzt gegen dieses Regime an, dass ich das Gefühl hatte, damit sei das Plansoll für unsere Familie erfüllt.

Wachgerüttelt hat mich erst das russische Vorgehen auf der Krim. Die allgegenwärtige Parole »Die Krim ist unser« war nicht zu ertragen. Ich ahnte, dass das eine ganz gefährliche Entwicklung war. Und ich bekam Angst. Das habe ich auch meinem Vater gesagt.

»Du brauchst keine Angst zu haben«, antwortete er mir, »wenn es wirklich gefährlich wird, gebe ich dir rechtzeitig Bescheid.« Er meinte damit, dass wir dann ausreisen würden.

Aus heutiger Sicht lässt sich sagen: Offensichtlich hat er selbst die Gefahr unterschätzt. Ohne jeden Zweifel war er sich bewusst, dass Russland in eine falsche Richtung abdriftete. Aber er hat den Grad des Abdriftens zu rosig beurteilt. Noch zutreffender ist: Er hat die kriminelle Energie des Putin-Regimes unterschätzt.

Die Annexion der Krim war für mich auch in anderer Hinsicht eine Zäsur. Ich habe damals ein Interview im Radiosender CityFM gegeben. Meine Kollegin Paulina Jermolajewa, die auch dort arbeitete, hatte mich dazu eingeladen. Ich war damals emotional so aufgewühlt, dass während des Live-Interviews meine Stimme zitterte und ich nichts dagegen tun konnte, obwohl ich doch Fernsehprofi mit viel Live-Erfahrung bin. Es lag einfach daran, dass meine Sorgen riesengroß waren. Angesichts dieser rücksichtslosen und gefährlichen Aktionen der Regierung befürchtete ich schlimme wirtschaftliche Konsequenzen, ich sagte deshalb auch, dass eine Abwertung des Rubels unvermeidlich sei. In meinem Herzen wusste ich, dass wir, Russland, eine Grenze überschritten hatten.

Als ich ins Büro zurückkam, habe ich die Erfahrung machen müssen, dass ich ab diesem Zeitpunkt auch bei meinem Arbeitgeber, dem Sender RBK, zu einer kleinen Minderheit gehörte. Die Annexion der Krim hat offenbar ideal zur Stimmung in unserer Bevölkerung gepasst, die sich derart erniedrigt und beleidigt fühlte, dass sie diese Aggression als eine Art Befreiung auffasste. Eine kurzsichtige Haltung. Ich sprach damals unter anderem mit einem Banker, der sagte, der Anschluss der Halbinsel würde zu Wirtschaftswachstum führen. Und zwar, so seine Logik, weil es sich um ein Großprojekt handle, vergleichbar mit der Olympiade in Sotschi, und weil bei solchen Großprojekten Unsummen staatlicher Gelder in die Wirtschaft gepumpt werden würden. Aber eine Annexion ist doch keine Olympiade, sondern ein internationaler Konflikt! Und wenn ein Land sich im Konflikt mit den wichtigsten Ländern und Wirtschaften der Welt befindet und dabei selbst sehr schwach ist und von diesen Ländern abhängt, dann ist das nicht unbedingt etwas, was zu Wirtschaftswachstum führt. Das hielt ich ihm entgegen. Dann haben wir sogar gewettet. Leider sollte ich recht behalten.

Ein anderer Studiogast sagte, die Wirtschaft müsse ja wachsen, weil wir jetzt mehr Territorium hätten, und mehr Territorium würde in jedem Fall Wachstum bedeuten, weil doch dort auch gewirtschaftet werde. Viele Leute glaubten diesen Unsinn, auch ein Bekannter von mir, der Chef einer Investmentgesellschaft war. Er war begeistert von Putins »Spezialoperation«. Ein Jahr später änderte er seine Meinung grundlegend, aber öffentlich äußert er sich nicht dazu.

Ich war so entsetzt über das, was in unserem Land vor sich ging, dass ich im Frühjahr 2014 schon mit dem Gedanken spielte zu emigrieren. Zu diesem Zeitpunkt wusste das nur mein Vater, und ich berichte hier zum ersten Mal davon. Meine Idee war, in die Ukraine auszureisen.

»Wenn du dort eine Arbeit findest, dann ziehe um«, war die Antwort meines Vaters, »auch wenn mich das nicht freut und es für mich nicht gut ist, aber es ist deine Entscheidung! Wenn du es für richtig hältst, mache es.«

Die Ukraine hatte ich ausgewählt, weil das Land in vielem Russland am nächsten ist. Man kann dort Russisch sprechen, und ich hätte daher auch dort als Journalistin arbeiten können. Also flog ich nach Kiew und suchte nach Arbeit. Ich traf mich mit einigen Leuten, unter anderem mit Jewgeni Kisseljow, der einst einer der bekanntesten Fernsehjournalisten in Russland und Direktor des kremlkritischen Senders NTW war; nach dessen Zerschlagung und einem De-facto-Berufsverbot in Russland zog Kisseljow nach Kiew. Darüber hinaus suchte ich Pawel Scheremet auf, einen Journalisten und Freund meines Vaters, der ebenfalls aus Russland nach Kiew emigriert ist. Beide konnten mir nicht helfen. Obwohl für mich das Finanzielle zweitrangig war und ich keine großen Ansprüche hatte, fand ich keine Arbeit. Es lag an der schwierigen Lage auf dem ukrainischen Arbeitsmarkt, insbesondere auch für Journalisten.

Selbst mein Vater war überrascht davon und sagte: »Wenn du willst, kann ich Poroschenko anrufen. Aber das wird mein erster und letzter Anruf sein. Ich denke, eine Bitte habe ich bei ihm gut.« Mein Vater ist sehr beliebt in der Ukraine und war gut bekannt mit dem ukrainischen Präsidenten.

Ich antwortete ihm: »Nein, wenn ich es selbst nicht geschafft habe, dann möchte ich auch nicht, dass du mir dabei hilfst!« So endete mein erster Emigrationsversuch, alles, was blieb, war ein Besuch auf dem Maidan.

Auch ohne eine neue Stelle wollte ich bei RBK kündigen. Doch mein Vater war strikt dagegen: »Solange du keine neue Arbeit hast, musst du bis zum letzten Blutstropfen kämpfen, selbst wenn sie dich dann kündigen!«

Es waren aber nicht nur die Vorgaben, die ich mittlerweile selbst bei der Arbeit in meinem Sender als so einschränkend empfand, dass ich einfach nur wegwollte, es fiel mir auch schwer, einzusehen, dass ich gegen das, was in Russland geschah und heute noch immer geschieht, so machtlos bin.

Im Juli 2015 etwa ließ Putin eine große Feier zum Todestag von Fürst Wladimir veranstalten, unter dessen Herrschaft die Russen zum Christentum konvertiert sind. Wegen dieser eilig einberufenen Veranstaltung wurde eine seit langem geplante Sitzung zur Gesundheitspolitik, bei der der Präsident sprechen sollte, kurzerhand um zwei Monate auf den Herbst verschoben. Dass in Russland viele Kranke keine adäquate Behandlung bekommen, dass enorme Armut herrscht im Lande, das ist alles nicht so wichtig wie der riesige Staatsakt zum Todestag eines Fürsten. Das hat Vorrang in Putins Russland, dafür werden Unsummen ausgegeben. Ich halte das für einen unglaublichen Zynismus. Der Staat hat unter Wladimir Putin aufgehört, seine eigentliche Funktion auszuüben, nämlich für die Menschen da zu sein.

Der neueste Plan ist, dass ein Denkmal für Wladimir aufgestellt werden soll. Hintergrund dafür ist: Putin hat die Geschichte so umschreiben lassen, dass die Krim jetzt ein heiliger Ort für Russland ist. Wörtlich sagte er, die Halbinsel sei für Russen so wichtig wie der Tempelberg für die Juden. Er begründete dies damit, dass sich Wladimir I. im Jahr 988 in Chersones auf der Krim habe taufen lassen – viele Geschichtswissenschaftler gehen allerdings davon aus, dass diese Taufe in Wirklichkeit unweit von Kiew stattgefunden hat. Kritische Historiker spotteten, da Wladimir I. aus Kiew war und nicht etwa aus Moskau, unterstreiche seine Taufe auf der Krim ja eher den Anspruch der Ukraine auf die Halbinsel.

Wie schon gesagt, die wirklich wichtigen Probleme werden ausgeblendet: die Armut, die wächst, die enorme soziale Ungleichheit, die katastrophale Situation im Gesundheitsbereich, in der Bildung oder in den meisten Bereichen des öffentlichen Lebens. All das findet in der öffentlichen Diskussion nicht statt. Und schon gar nicht in der Volksvertretung, der Duma.

Und wie sieht die russische Realität aus? Tausende schwer krebskranke Menschen bekommen die dringend nötige Schmerzbehandlung nicht, müssen unvorstellbare Qualen durchstehen – während im restlichen Europa jeder eine Schmerztherapie erhält, der sie benötigt. Umso erstaunlicher ist es, dass die russische Regierung beschlossen hat, 2015 das nationale onkologische Staatsprogramm zu beenden, das vorsah, Geld in medizinische Geräte und den Ankauf von Medikamenten zu investieren. Russland liegt bei der Gesundheitsversorgung für Krebskranke weit hinter den entwickelten Ländern zurück. In den USA etwa kommt ein Strahlenbeschleuniger auf 70 000 Menschen, in Russland auf 1,42 Millionen Menschen. Nach Angaben der Moskauer Ärzte bekommen in der Hauptstadt nur etwa 40 Prozent der Krebskranken Schmerzmittel. So haben allein im Februar 2015 elf krebskranke Menschen in Moskau wegen unerträglicher Schmerzen Selbstmord begangen.

Jährlich sterben in Russland 1,3 Millionen Menschen an

Herz- und Gefäßkrankheiten, weltweit sind es 17 Millionen. Nach Einschätzung der Weltgesundheitsorganisation ist dieses hohe Ausmaß typisch für Länder mit niedrigen Einkommen – immerhin machen 57 Prozent aller Todesfälle in Russland Herz- und Gefäßkrankheiten aus, in entwickelten Ländern ist die Zahl dank Prophylaxe geringer.

Die medizinische Versorgung in Russland ist formell kostenlos. Tatsächlich aber können nur wenige eine Behandlung wahrnehmen, weil man viel zu viel dafür bezahlen muss. Für die meisten Menschen in Russland, dem Land mit dem größten Wohlstandsgefälle weltweit, ist eine Behandlung von Hepatitis-C nicht möglich – »wenn sie keine Millionäre sind«, wie die Nachrichtenagentur RIA-Novosti im Juli 2015 unter Berufung auf Fachleute berichtete.[10] Die Weltgesundheitsorganisation nennt folgende Daten: Ein Behandlungszyklus mit 48 Injektionen kostet zwischen 300 000 und 420 000 Rubel (4000 bis 6000 Euro). Im Jahr 2012 hat das Ministerium für Gesundheit dafür 1,4 Milliarden Rubel ausgegeben (350 Millionen Euro nach dem durchschnittlichen Wechselkurs des Euro gegenüber dem Rubel im Jahr 2012), was nur für 4000 von einer Million Menschen ausreichte. Gleichzeitig beendete Russland im Jahr 2009 ein föderales Programm zur Behandlung von Patienten mit chronischer Hepatitis, und im Jahr 2013 wurde die Zuständigkeit für den Kauf von Medikamenten für Patienten mit Hepatitis auf die regionalen Haushalte übertragen.[11] Nach Schätzungen der Weltgesundheitsorganisation leben in Russland fünf bis sieben Millionen Menschen mit Hepatitis-Viren. Die Weltgesundheitsorganisation spricht von einer Epidemie und weist darauf hin, dass russische Ärzte die Zahl der Kranken nicht mehr zählen und es daher gar keine offizielle Statistik mehr gibt. Und die russische Behörde Rospotrebnadzor hat 2015 davor gewarnt, dass es in Russland eine AIDS-Epidemie gibt; ein Prozent der Menschen habe AIDS, und ein Drittel von ihnen wisse von dieser Diagnose gar nichts.

Laut Natalja Schagajdu, der Direktorin des Zentrums für Agrar- und Lebensmittelpolitik an der staatlichen Russischen Akademie für Volkswirtschaft und Staatsdienst, war vor den Sanktionen ein Drittel der Russen gezwungen, bei Lebensmitteln einzusparen, und konnte sich nicht satt essen – das jedenfalls ergab eine im Frühjahr 2014 veröffentlichte Studie der Akademie. Durch die von Putin verhängten Importverbote für Lebensmittel aus dem Westen und den daraus resultierenden Preisanstieg würde die Lebensmittelration der Russen noch kleiner werden, die Zahl derjenigen, die sich nicht satt essen können, steigen, warnte Schagajdu in einem Interview mit der Internetzeitschrift *slon* im August 2014.[12] Im Sommer 2015 teilte die russische Statistikbehörde Rosstat mit, dass im ersten Quartal die Zahl der Russen, die unter der Armutsgrenze lebten, um 3,1 Millionen auf 23 Millionen angewachsen ist. Dabei ist die Armutsgrenze sehr bescheiden bemessen: Offiziell gelten nur Menschen als arm, die weniger als 9622 Rubel Monatseinkommen (umgerechnet knapp 140 Euro) haben.[13] Anfang Juni 2015 hat der frühere Finanzminister Kudrin auf die Verringerung der Realeinkommen der Bevölkerung hingewiesen. »Wenn Sie sich erinnern, so haben wir während der vergangenen Krise überhaupt keinen Rückgang der Realeinkommen der Bürger zugelassen, und jetzt sind diese um sieben Prozent gesunken.« Gleichzeitig besitzen 110 Oligarchen

35 Prozent des gesamten Wohlstands, so der Global Wealth Report der Crédit Suisse von 2013. »Land der schreienden Ungleichheit«, nannte mein Vater Russland in seinem Bericht *Putin – eine Bilanz*. Er schrieb: »Jetzt kennen wir die Antwort auf die Frage ›Who is Mr. Putin?‹. Putin – das ist Korruption, Zensur, Rohstoffabhängigkeit Russlands, soziale Ungleichheit, Entvölkerung. Die De-Putinisierung ist die einzige Chance, Russland aus der Sackgasse zu bringen.«[14]

Man hat den Eindruck, Putin und seine Vertrauten betrachteten Russland als eine Kolonie, die sie ausbeuten können. Für sich und für ihre Familien schaffen sie unglaubliche Reichtümer. Die Paläste, in denen sie leben, lassen Versailles bescheiden erscheinen. Hier ist eine richtige Schieflage entstanden.

Putins Sprecher Dmitri Peskow etwa, der in der Hierarchie eher ein untergeordnetes Rädchen ist, trug bei seiner Hochzeit im Sommer 2015 eine Uhr am Handgelenk, die weit über eine halbe Million Euro wert ist.[15] Er behauptete, sie sei ein Hochzeitsgeschenk gewesen. Allerdings gibt es im Internet Fotos, auf denen er dieselbe Uhr schon Monate zuvor umhatte. Seine Flitterwochen verbrachte er übrigens auf einer der teuersten Jachten der Welt, der Maltese Falcon, die rund 385 000 Euro Miete pro Woche kostet – Jetskis, Segel- und andere Begleitboote inklusive, aber ohne die Ausgaben fürs Essen und Unterhalt. Das belegen Recherchen des Oppositionellen Alexei Nawalny. Und wo fuhr er mit seiner Familie durchs Meer? Vor Sardinien. Er hielt sich also im »dekadenten« Westen auf, den das russische Regime, für das er tätig ist, ständig beschimpft. Seine Tochter Jekaterina zeigte entsprechende Bilder bei Instagram – ihr Vater bestritt im Nachhinein, sich je dort aufgehalten zu haben.

Pathologische Lügner gehören zum heutigen System. Diesen Menschen gelingt es grandios, dafür zu sorgen, dass die Mehrheit der Bevölkerung von alldem nichts erfährt. Die Enthüllungen finden nämlich nur im Internet auf ein paar kleinen Internet-TV-Kanälen und in den Zeitungen statt. Zbigniew Brzeziński, der frühere Sicherheitsberater von US-Präsident Jimmy Carter, meinte, die Fixierung der russischen Machthaber auf das Geld sei für den Westen eigentlich auch ein Vorteil: Weil sie keinerlei Überzeugungen hätten, könne man sich mit ihnen leichter auf etwas einigen als mit Regierungsvertretern, die sich an irgendwelche Ideen oder Prinzipien gebunden fühlten – wie ehedem die sowjetischen Machthaber, bei denen die Ideologie einen festen Rahmen vorgab. Die jetzigen Kremlherrscher dagegen seien bereit, jeden Standpunkt zu vertreten, solange er ihnen nur dabei hilft, Geld zu verdienen, oder solange er verhindert, dass sie Geld verlieren. Und einige Beobachter glauben, dass hinter den pseudopatriotischen Initiativen, die heute in Russland auf der Tagesordnung stehen, banale, eigennützige Interessen von konkreten Personen stehen.

Der Grundstein für unsere heutigen Probleme ist unter Jelzin mit der neuen Verfassung von 1993 gelegt worden. Sie machte Russland zu einer Präsidialrepublik, das heißt, sie gewährte dem Präsidenten gigantische Vollmachten und schränkte die Möglichkeiten des Parlaments stark ein. In einem autoritär geprägten Land wie Russland war das eine Zeitbombe. Und natürlich eine Steilvorlage für Politiker vom Typ Putin.

Wirtschaftlich hat Putin nichts auf die Beine gestellt – er hatte nur das unglaubliche Glück, dass nach seinem Einzug in den Kreml die Ölpreise und damit auch die Staatseinnahmen explodierten. Nach Berechnungen meines Vaters sind die Löhne und Gehälter der Russen im Verhältnis zum Barrel heute die gleichen wie vor Putins Amtsantritt: Das heißt, sie sind nicht mehr gestiegen als der Ölpreis, wie mein Vater in einem Interview mit Radio Swoboda im November 2014 ausführte: »In Russland entspricht der Durchschnittslohn immer dem Preis von 10 Barrel Öl. Als in den 1990er Jahren das Öl 10 Dollar kostete, war ich Minister für Öl und Energie, und der Lohn lag bei 100, als das Öl 100 kostete, näherte sich der Lohn 1000 an. Jetzt fällt der Ölpreis, es kostet 90 oder weniger, und der Lohn fällt auf ungefähr 80. Die Erhöhung der Gehälter unter Putin ist überhaupt nicht von ihm als Präsidenten abhängig.«[16]

Von dem Ölpreis hängt das Leben in Russland immer noch stark ab. Steigt er, steigen die Einnahmen in die Staatskasse, fällt er, wird der Staat klamm und kann selbst die grundlegendsten Aufgaben nicht mehr erfüllen. Unter Jelzin war der Ölpreis auf einem Tiefstand, unter Putin erreichte er unvorstellbare Höhen. Leider kommt nur ein kleiner Teil des enormen Geldsegens, den die hohen Ölpreise in die Staatskasse gespült haben, bei den einfachen Menschen an: Der Großteil versickert in der Bürokratie und in den Taschen der Herrschenden und ihrer Freunde. Die Abhängigkeit Russlands von den Rohstoffen ist in den letzten Jahren deutlich gestiegen, Russland ist in dieser Hinsicht mit einem Dritte-Welt-Land vergleichbar.

Unter Putin kam es zu einer starken Konzentration in der Wirtschaft, es gibt immer weniger Konkurrenz und damit einhergehend eine starke Monopolisierung. Mehr als 50 Prozent der Wirtschaft wird vom Staat kontrolliert. Halbwegs frei sind nur noch der Handel und die Landwirtschaft. Hier schreibt der Staat nicht alles vor, und hier gibt es auch noch wirtschaftliche Erfolge, wenn auch nur auf niedrigem Niveau. Nun sollen auch diese Bereiche unter staatliche Kontrolle gebracht und die Preise festgeschrieben werden. Beamte vom Ermittlungskomitee sollen dann in den Läden die Preise kontrollieren. Das ist Irrsinn! Wohin das führt, konnte man ja zu Sowjetzeiten beobachten: zu leeren Regalen. In Russland werden die Sicherheitsorgane immer mächtiger. Sie dringen sogar ins Fernsehen vor. Die Beamten des Ermittlungskomitees, das von Putins Studienfreund Alexander Bastrykin geleitet wird, sind in Russland sowieso schon allgegenwärtig. Selbst in meinem ehemaligen Sender RBK gab es einen, der quasi abgeordnet war und zu allem eine Meinung hatte – auch zu wirtschaftlichen Fragen. Als es wieder einmal Schwankungen des Rubelkurses gab, behauptete er etwa, die Spekulanten hätten Schuld daran und man müsse deshalb gegen sie ankämpfen. Ich hatte unmittelbar darauf den Reflex, ihn wachrütteln zu wollen, aber natürlich bringt so etwas nichts.

Übrigens: Das Ermittlungskomitee hat schließlich tatsächlich ein Programm zur Bekämpfung der Rubelspekulation aufgelegt, in das sogar der KGB-Nachfolger FSB eingebunden ist. Für die Ohren der Russen klingt das irritierend, denn genau diese Parolen waren zur Sowjetzeit allgegenwärtig. Entweder haben wir einen frei konvertierbaren Rubel – das ist eine der wenigen Entscheidungen von Putin, die ich unterstützte –, oder wir haben ihn nicht, und dann können wir auch gegen Spekulationen kämpfen, aber wir können nicht beides gleichzeitig haben.

Auf WhatsApp habe ich damals meinen Vater gefragt, was dieser geplante Kampf von FSB-Direktor Nikolaj Patruschew gegen die Rubelspekulation solle. Seine Antwort bestand aus einem einzigen Wort, das nicht druckreif ist. Ich versuche es, gewählter auszudrücken:»Idiotie!«

In den sechzehn Jahren, in denen Putin an der Macht ist, redet er ständig davon, dass der Einfluss der Öl- und Gasexporte auf die russische Wirtschaft gesenkt werden muss. Die Frage ist: Warum wiederholt er das seit sechzehn Jahren, tut aber gleichzeitig nichts dafür? Er hat die absolute Macht, er kann nicht als Ausrede anführen, dass ihn eine Opposition davon abhalten würde.

Zwar hat Putin viel versprochen, aber weder in der Wirtschaft noch im Sozialen, noch in der Bildung, noch in anderen Bereichen ist etwas Grundlegendes geschehen. Stattdessen ist immer nur von »Patriotismus« oder vom »Wiedererstarken Russlands« die Rede. Russland hat keine Verbündeten mehr auf der internationalen Bühne – wenn man von Diktatoren wie Assad in Syrien absieht. Gibt es ein Produkt »made in Russia«, das man im Westen schätzt? Allenfalls russische Waffen, deren Technologie aus Sowjetzeiten stammt, werden noch in Dritte-Welt-Länder exportiert.

Der Mord an meinem Vater hat viele, die in Russland für Demokratie kämpfen, demoralisiert. Vor den Regionalwahlen im September 2015 habe ich mit Jegor Sawin, dem regionalen Chef der Oppositionspartei PARNAS in Nowosibirsk, gesprochen, deren Kovorsitzender mein Vater war. Der Partei wurde dort die Teilnahme an den Wahlen verboten, unter dem Vorwand, ein Drittel der dafür notwendigen Unterschriften sei ungültig gewesen. De facto hat man damit den Unterschreibern ihre Bürgerrechte aberkannt. Sawin sagte zu mir am Telefon:»Ohne deinen Vater fühle ich mich so, als ob ich meinen eigenen Vater verloren hätte.« Mein Vater verstand es, Menschen zu motivieren, ihnen zu helfen, ihnen zuzuhören; erst heute verstehe ich, warum er so oft keine Zeit hatte, meine Sendungen auf RBK anzusehen: Er hatte einfach zu viel zu tun.

Ich habe das am eigenen Leib erlebt. Einmal habe ich selbst einen Ausflug in die Politik gewagt. 2005, da war ich 23 Jahre alt, kandidierte ich für das Moskauer Regionalparlament – das ist in Deutschland in etwa vergleichbar mit einer Kandidatur für das Berliner Abgeordnetenhaus, da Moskau nicht nur eine Kommune, sondern auch eines der russischen »föderalen Objekte« ist, was ungefähr einem Bundesland in Deutschland entspricht. Mein Vater versuchte, mich davon abzuhalten. Er hielt es für einen »Husarenritt«.

Schon damals war klar – den Sieg einer Oppositionspolitikerin würden die Machthaber nie zulassen. Aber immerhin durfte ich noch kandidieren. Das wäre heutzutage nicht mehr möglich. Der Kandidat der Kreml-Partei, ein grauer Apparatschik, war völlig überfordert damit, einen Wahlkampf zu führen, sich mit Menschen zu treffen und mit ihnen zu diskutieren. Unter fairen Bedingungen hätte er kaum eine Chance gehabt.

Mein Vater hatte Angst, dass mir eine Niederlage den nötigen Enthusiasmus nehmen könnte. Ich habe nicht auf ihn gehört. Mein Vorbild war Margaret Thatcher, die im Alter von 23 Jahren für das britische Parlament kandidierte. Ich bin natürlich nicht ins Parlament gekommen, aber in meinem Wahlkreis habe ich immerhin den dritten Platz erreicht und bekam mehr als zehn Prozent der Stimmen – ein gutes Ergebnis für mein junges Alter.

Über meine damalige Kandidatur hat mein Vater auch in

seinem Buch *Beichte eines Rebellen* geschrieben, das 2007 erschienen ist: »Ich bin stolz auf sie, stolz darauf, dass sich herausgestellt hat, dass meine Gene stärker sind als der historische Prozess und stärker als die Rationalität, die sie sonst auszeichnet. Obwohl von Anfang an klar war, dass es sich um ein aussichtsloses Unterfangen handelt, hat sie sich dennoch entschlossen, das Risiko einzugehen, sich selbst in einem schwierigen und unangenehmen Umfeld auf die Probe zu stellen. Und nicht nur sie, auch andere haben das gemacht.«[17]

Es gibt Leute, die haben die Politik im Blut, Leute wie mein Vater oder Alexei Nawalny. Ich gehöre, wie schon gesagt, eher nicht dazu.

Wir müssen uns auf die Zeit nach Putin vorbereiten: das heißt dafür sorgen, dass dann endlich zurechnungsfähige Leute an die Spitze des Staates kommen. Die Opposition muss ein alternatives Programm entwickeln, eine Strategie, die Russland in einen modernen Staat mit einer funktionierenden Marktwirtschaft und demokratischen Institutionen überführt. Das Beispiel der baltischen Staaten zeigt: Eine Transformation eines postsowjetischen Systems in eine moderne Bürgergesellschaft mit einer funktionierenden Wirtschaft ist möglich – auch wenn es natürlich kein einfacher Weg ist, sondern einer mit vielen Wendungen und Kurven.

Solange Putin an der Macht ist, wird es keinen Wandel geben. Aber in der Elite wächst die Unzufriedenheit über ihn. Mit seinem Konfliktkurs mit dem Westen gefährdet er die wirtschaftlichen und persönlichen Interessen der Oberschicht, die zu weiten Teilen auf den Westen ausgerichtet ist. Deren finanzielle Verluste durch die Sanktionen und ihre Folgen sind spürbar. Die Reichen und Mächtigen wollen wirtschaftliche Freiheit, Stabilität und zuverlässige Spielregeln – Putin dagegen neigt immer mehr zu irrationalen Entscheidungen und repressiven Einschnitten. Während die Bevölkerung durch die Propaganda ruhig gehalten wird und ein Umsturz von der Straße kaum zu erwarten ist, könnte die Unzufriedenheit in der Oberschicht kulminieren und es könnte zu einer Palastrevolte kommen. Aller Wahrscheinlichkeit nach käme dann einer der Männer aus dem Umfeld Putins an die Macht. Die Geschichte Russlands zeigt allerdings, dass solche ehemaligen Weggefährten sich regelmäßig zur Überraschung aller Beobachter von ihren Vorgängern absetzen.

Der erste wichtige Schritt eines neuen russischen Präsidenten wäre, alle Entscheidungen, die unter Putin getroffen wurden und schädlich für das Land, die Wirtschaft und die Bürger sind, aufzuheben. Das wäre nach den Worten des Wirtschaftswissenschaftlers Sergej Gurijew ein positives Reformprogramm. Ich hoffe, dass der nächste Präsident stark genug ist, eine Verfassungsreform durchzuführen, die die Vollmachten des Präsidenten einschränkt. Das würde das System ernsthaft demokratisieren.

Ein weiteres ganz grundlegendes Fundament für einen gesellschaftlichen Wandel ist die Unabhängigkeit der Justiz und der Medien. Das Beispiel Ukraine zeigt zwar, wie schwer das zu erreichen ist. Aber es führt auch deutlich vor Augen, dass mit etwas gutem Willen zumindest langsam Schritte in die richtige Richtung möglich sind.

Ich erwarte keinen Wandel Russlands zur Demokratie und zum Rechtsstaat über Nacht, aber ich halte das für den einzigen Weg, der Russland zum Erfolg bringen wird. Ich gebe die Hoffnung nicht auf, irgendwann einmal wieder in Russland meinem Beruf nachgehen und dort leben zu können, ohne Angst um meine Sicherheit zu haben. Hoffentlich ist das nicht erst der Fall, wenn ich schon in Rente bin.

Die Ermittlungen

Ein ganz wichtiges Ziel für mich ist es, die Wahrheit über den Mord an meinem Vater ans Tageslicht zu bringen. Und zwar die ganze Wahrheit. Auf die russische Justiz kann ich mich dabei nicht verlassen. Es ist ziemlich offensichtlich, dass sie großes Interesse daran hat, die tatsächlichen Hintergründe des Mordes zu verschleiern und die eigentlichen Auftraggeber zu decken.

Um das zu verhindern, muss ich in dieser Angelegenheit für Aufmerksamkeit in der Öffentlichkeit sorgen. Je mehr über die Ermittlungen berichtet wird, sprich: je mehr vor allem darüber berichtet wird, was nicht getan bzw. vertuscht wird, umso schwerer wird es für die Behörden, ihr jetziges Vorgehen aufrechtzuerhalten.

Schon wenige Tage nach dem Mordanschlag haben die Behörden fünf Tatverdächtige festgenommen. Alle fünf Männer stammen aus Tschetschenien. Einer von ihnen, Saur Dadajew, legte ein umfassendes Geständnis ab, einige weitere ebenso. Später widerriefen sie ihr Geständnis allerdings.

Ein sechster Tatverdächtiger soll sich beim Zugriff durch die tschetschenische Polizei mit einer Handgranate selbst in die Luft gesprengt haben. So die offizielle Darstellung. Ich glaube, dass man ihn nicht an die föderale Polizei ausliefern wollte und ihn deshalb bei der Festnahme in Tschetschenien umgebracht hat, möglicherweise auch mit einer Handgranate. Nach Recherchen von Wadim Prochorow, dem langjährigen Anwalt meines Vaters, der jetzt auch meiner ist, war der Getötete nämlich ausgerechnet Sprengmeister beim Militär – Handgranaten waren also eines seiner Spezialgebiete. In meinen Augen ist die offizielle Darstellung dieses Vorfalls daher alles andere als glaubwürdig.

Die Tatverdächtigen hielten sich schon seit Oktober 2014 in Moskau auf – also fünf Monate vor dem Mordanschlag auf meinen Vater. Während dieser gesamten Zeit haben sie ihn beschattet. Wie aus den Ermittlungsunterlagen hervorgeht, beklagten sie sich, dass mein Vater so viel zu Fuß unterwegs war. Sie hätten es bequemer gefunden, mit dem Auto zu fahren, außerdem hätten sie mehrmals die Spur meines Vaters verloren. Das gleiche Problem hätten sie auch bei U-Bahn-Fahrten gehabt – die U-Bahn war ein beliebtes Fortbewegungsmittel meines Vaters, die Tatverdächtigen dagegen hassen U-Bahn-Fahrten wie die Pest.

Nach aktuellen Erkenntnissen wurden die Männer dann im Februar 2015 von ihren Auftraggebern aus Tschetschenien unter Druck gesetzt. Man warf ihnen vor, dass sie sich zu lange und ergebnislos in der Hauptstadt aufhielten und Nemzow immer noch am Leben sei.

Über seine Festnahme war Saur Dadajew völlig überrascht. Offenbar war er davon ausgegangen, im staatlichen Auftrag zu handeln – zwar verdeckt, aber eben doch mit Rückendeckung. Er glaubte sogar, dass ihm und seinen Komplizen nichts passieren würde, im Gegenteil, dass sie alle vom russischen Staat Auszeichnungen für ihre Tat bekommen würden. Dass sie sich nun im Gefängnis befanden, war für ihn und auch für die anderen ein Schock. Offenbar hängt es mit diesem Überraschungsmoment zusammen, dass er recht schnell ein Geständnis ablegte.

Merkwürdig ist auch, dass sich Saur Dadajew, obwohl er sich in Lefortowo, dem berüchtigten Gefängnis des Geheimdiensts FSB, befand, mit Menschenrechtlern und auch mit einer Journalistin der Zeitung *Moskowski Komsomolez* treffen konnte. Darüber war der Chefermittler vorab nicht in Kenntnis gesetzt worden!

Saur Dadajew behauptete, man habe ihm das Geständnis abgepresst: Er sei gefoltert worden, zwei Tage lang habe man ihn mit einem Sack über dem Kopf in Fesseln festgehalten. Wer die russische Justiz kennt, weiß, dass ein solches Vorgehen nicht ungewöhnlich ist. Ungewöhnlich hingegen ist, dass sich ein inhaftierter Mordverdächtiger mit Journalisten und Menschenrechtlern treffen kann, ohne dass die Ermittler vorher darüber informiert werden. Welche politischen Spiele fanden da hinter den Kulissen statt?

Nach Auskunft meines Anwalts ist es durchaus üblich, dass Tatverdächtige bei Ermittlungen zu Auftragsmorden kurz nach der Festnahme in der ersten Aufregung eine Tat gestehen und dann, wenn sie mit ihrem Anwalt oder mit Menschenrechtlern gesprochen haben, das Geständnis wieder widerrufen.

Saur Dadajew war viele Jahre lang im Bataillon »Sewer«, einer Einheit der Streitkräfte des Innenministeriums, die in Tschetschenien stationiert ist. Sie ist berüchtigt als Truppe fürs Grobe. Es ist absurd zu glauben, »Sewer« handelte aus eigener Initiative. Alexander Tscherkassow, der Vorsitzende der Moskauer Menschenrechtsorganisation Memorial, berichtet in einem Interview mit der Bürgerrechtsorganisation »Open Russia« des früheren Yukos-Chefs und politischen

Gefangenen Michail Chodorkowski: »›Sewer‹ wurde 2006 aus verschiedenen irregulären Verbänden gegründet, die Kadyrow kontrollierte [Ramsan Kadyrow, russischer Politiker und Mitglied der Partei Einiges Russland, war 2006 Premierminister von Tschetschenien und ist seit 2007 dort Präsident]; das Standbein bilden ehemalige Rebellen, die 2003 die Seiten gewechselt haben. [...] Obwohl sie offiziell zum Moskauer Innenministerium gehören, unterstehen sie de facto der tschetschenischen Republikführung. Und dort herrscht sehr große Loyalität gegenüber Ramsan Kadyrow. Selbst der Verdacht, jemand handle in fremdem Interesse, sogar in dem von Verwandten, ist unzulässig. Die Führung erfolgt informell. So leitete etwa der Duma-Abgeordnete Adam Delimchanow 2009 die Militäraktionen an der tschetschenisch-inguschetischen Landesgrenze.«[18]

Alexander Tscherkassow zufolge stehen die Männer aus dem Bataillon »Sewer« de facto über dem Gesetz, er spricht in diesem Zusammenhang von systematischer »Straffreiheit«. Das trifft auch auf Präsident Kadyrow zu, der in Tschetschenien nach Ansicht von Menschenrechtlern ein Terrorregime errichtet hat: Wer ihm gegenüber nicht loyal ist, muss mit dem Schlimmsten rechnen, ständig verschwinden Menschen spurlos. Inoffiziell müssen die Tschetschenen sogar eine Zwangsabgabe an die Achmet-Kadyrow-Stiftung zahlen. Achmet Kadyrow ist der Vater des Präsidenten, der auf die Frage nach seinem märchenhaften Reichtum immer nur mit einem verschmitzten Lächeln antwortet, Allah habe ihm alles gegeben.

Wenn dieser Tage in den russischen Medien versucht wird, aus Anna Durizkaja, der Lebensgefährtin meines Vaters, eine Agentin des ukrainischen Geheimdiensts zu machen, die auf meinen Vater angesetzt war, so ist das völlig lächerlich. Wenn sie eine Agentin ist, bin ich eine Ballerina – und um zu verstehen, was das heißt, muss man wissen, dass ich das Gegenteil von graziös bin. Sie interessiert sich für Mode, Kosmetik und Frauenzeitschriften, und sie ist sicher keine Mata Hari. Mein Anwalt Wadim Prochorow bringt es gut auf den Punkt:»Mit Anna würde man kein Huhn stehlen, geschweige denn sie als Agentin einsetzen.«

Die ukrainische Spur wäre dem Kreml sehr entgegengekommen. Aber selbst Putin und seine Leute mussten offenbar einsehen, dass die Faktenlage dafür zu dürftig war. Im russischen Fernsehen gab es zwar Sendungen, die sich ausschließlich mit der»ukrainischen Spur« und der Rolle von Durizkaja auseinandersetzten. Aber das war nur ein Ablenkungsmanöver.

Absurd sind auch all die anderen Spekulationen, die nach der Tat in Russland gestreut wurden. Etwa, dass der Mord ein Racheakt gewesen sei, weil mein Vater nach dem Terroranschlag auf die Redaktion der französischen Satirezeitschrift *Charlie Hebdo* seine Solidarität mit den Opfern ausgedrückt hatte. Dabei war das Killerkommando aus Tschetschenien doch schon Monate vor dem Anschlag auf die Journalisten von *Charlie Hebdo* in Moskau eingetroffen, hatte eine Wohnung angemietet, ein Auto gekauft und sich an die Fersen meines Vaters geheftet. Zudem gingen die Aussagen meines Vaters überhaupt nicht über das hinaus, was andere auch schon gesagt hatten. Aus ein paar harmlosen Sätzen ein Mordmotiv zu konstruieren ist hanebüchen.

Die Ermittler wollen auf die eine oder andere Weise ein religiöses Motiv finden, gegebenenfalls auch abseits von *Charlie Hebdo*. So ein Motiv ist völlig an den Haaren herbeigezogen, denn mein Vater hat sich nur selten zu religiösen Themen geäußert. Wenn er dennoch etwas in diesem Bereich sagte, dann achtete er besonders darauf, tolerant zu sein. In einer Veröffentlichung schrieb er am 9. Januar 2015 Folgendes zum Islam:

> »Seit Jahrhunderten wurden Menschen wegen ihres Glaubens getötet. Die Römer kreuzigten Christus, im Mittelalter wurden Hunderttausende von Menschen auf den Scheiterhaufen der Inquisition lebendig verbrannt. Wissenschaftler wie Galileo und Priester wie Giordano Bruno wurden ebenso verfolgt wie Schriftsteller und Dichter. Die Inquisition tobte in Frankreich, Spanien, Italien, Portugal und Deutschland viele Jahrhunderte lang, vom 12. Jahrhundert bis zum Beginn des 19. Jahrhunderts. Ihre Blüte durchlebte sie im 16. und 17. Jahrhundert. Sie endete erst mit dem Sieg der Französischen Revolution und der Schaffung der europäischen säkularen Staaten. Der Islam ist eine junge Religion. Er entstand im 7. Jahrhundert, das heißt, der Islam ist etwa 600 Jahre jünger als das Christentum. Und wenn die Christen im 21. Jahrhundert leben, dann leben die Muslime zwischen dem 14. und 15. Jahrhundert. Das 14. und 15. Jahrhundert war bei uns die Blütezeit der Inquisition, der Verfolgung von Ketzern und der Scheiterhaufen, auf denen Menschen bei lebendigem Leib verbrannt wurden. Heute sind wir Zeitzeugen einer mittelalterlichen islamischen Inquisition. Die Jahrhunderte werden vergehen, und der Islam wird reifen und der Terrorismus der Vergangenheit angehören. Aber das alles einfach nur auszusitzen und nichts

zu tun, das ist auch kein Weg. Die Geschichte lehrt uns eine Menge über die Inquisition. Erstens muss man, um den religiösen Terror zu beenden, für einen säkularen Staat kämpfen, das heißt für die Trennung von Moschee und Macht. Zweitens haben die entscheidende Position die Muftis inne. Wenn sie sich eindeutig äußern zu Terror und Mord, wenn sie Mörder vom Islam exkommunizieren, dann kann das sehr weitreichend helfen, um den Terror zu besiegen. Drittens sollte es keine Rechtfertigung für Terror geben. Wenn hier einige schreiben, die Karikaturisten seien selbst schuld, weil sie den Propheten Mohammed verspottet haben, dann rechtfertigen sie damit Mord. Aber Mord ist eine schwere Sünde, auch im Koran, während Satire, auch die spöttische, keine Sünde ist. Und wenn man Karikaturisten mit fanatischen Killern vergleicht, dann provoziert man die Terroristen nur. Es ist unzulässig, Journalisten mit Mördern zu vergleichen. Eines ist klar: Der Islam befindet sich als eine junge Religion in seinem Mittelalter, und uns steht ein langer Kampf bevor, um die islamische Inquisition zu besiegen. Schnell funktioniert das nicht.«[19]

In diesen Worten ist nichts Beleidigendes für Muslime zu finden. Und mehr noch, mein Vater konnte gar kein Islamgegner sein, weil unter den Vorfahren meiner Mutter Tataren sind (ein russisches Volk, das den Lehren des Islam folgt). Mein Vater war stolz darauf, dass in mir all dieses unterschiedliche Blut fließt und meine russisch-tatarisch-jüdische Herkunft das multiethnische Russland widerspiegelt.

Auch die anderen Versionen zum Mord an meinem Vater

sind zum Teil absurd und bringen wenig Erhellendes zutage. Irgendwann sagte mein Anwalt Wadim Prochorow zu mir: »Du wirst sehen, Schanna, am Ende werden sie noch versuchen zu beweisen, dass es Selbstmord war. Ein Suizid mit fünf Kugeln.«

Die tschetschenische Spur, sprich: ein Mord aus politischen Motiven, ist momentan die wahrscheinlichste Erklärung für die Tat. Noch in der Tatnacht fragte Anatoli Jakunin, der Moskauer Polizeichef, Wadim Prochorow und Olga Schorina, die engste Mitarbeiterin meines Vaters, nach einer möglichen Verbindung dorthin. Prochorow erklärt das heute so: Möglicherweise haben die Agenten der Sicherheitsbehörden, die meinen Vater wegen des bereits erwähnten Frühlingsmarsches am Tatabend beschatteten, die Täter sehen können und sie als Tschetschenen identifiziert. Die fünf festgenommenen Tschetschenen gelten heute nach wie vor als die Hauptverdächtigen. Saur Dadajew unterhielt enge Beziehungen zu Ruslan Geremejew, ebenfalls ein Offizier aus dem Bataillon »Sewer«; nach dem Mord flogen die beiden gemeinsam im Flugzeug in die tschetschenische Hauptstadt Grosny, sie saßen sogar im Flugzeug nebeneinander. Geremejew ist ein Cousin von Alibek Delimchanow, dem Kommandeur des Bataillons »Sewer«. In Tschetschenien sind verwandtschaftliche Beziehungen ausgesprochen wichtig. Einem Cousin fühlt man sich dort oft näher und verbundener als in Russland oder in Deutschland einem Bruder. Adam Delimchanow wiederum, der Bruder von Alibek Delimchanow, ist Duma-Abgeordneter (er läuft mit einer goldenen Pistole in der Tasche durch das russische Parlament) und einer der engsten Vertrauten von Kadyrow. De facto ist er von seiner Bedeutung her der zweite Mann in Tschetschenien. Hier schließt sich der Kreis. Erstaunlich ist, dass nicht mehr »Zwischenstationen« eingebaut wurden, wie das sonst bei Auftragsmorden üblich ist. Ich kann mir das nur so erklären, dass die Auftraggeber sicher waren, es würde in dieser Angelegenheit nicht intensiv ermittelt werden.

Tatsächlich ist Geremejew bis heute untergetaucht; ich nehme an, wenn es wirklich im Interesse des Kremls wäre, ihn festzunehmen, dann würde man ihn auch finden. Vieles spricht dafür, dass, wie bei politischen Morden in Russland üblich, nur die unmittelbaren Killer vor Gericht kommen. Die Hintermänner und vor allem die Auftraggeber haben keinen besonderen Grund, sich Sorgen zu machen.

Kadyrow brüstet sich gerne damit, wie gut er seine Republik unter Kontrolle hat. Ist es glaubwürdig, dass seine Untergebenen ausgerechnet bei einer so symbolträchtigen Tat wie dem Mord an meinem Vater, ausgeführt direkt neben dem Kreml, ohne sein Wissen gehandelt haben könnten? Und: Warum sollte Kadyrow eine offene Rechnung mit meinem Vater gehabt haben? Die Reibungspunkte zwischen den beiden waren eher gering.

Warum weigert sich das Ermittlungskomitee, das von Putins Studienfreund Alexander Bastrykin geleitet wird, Kadyrow als Zeugen zu vernehmen, wie wir Angehörigen es fordern? Dies ist auch insofern merkwürdig, da bereits ein anderes Oberhaupt einer russischen Region in diesem Zusammenhang verhört wurde – nämlich Sergej Jastrebow, der Gouverneur von Jaroslawl. Anders als im Fall von Kadyrow konnte von ihm kaum jemand wesentlich neue Erkenntnisse erwarten. Das Vertuschen von Verbrechen oder das Behindern von Ermittlungen ist auch ein Verbrechen. Ich hoffe, dass sich die russische Regierung dessen bewusst ist.

Es gibt einen fast direkten Beweis, dass der Kreml nicht an einer vollen und grundlegenden Aufklärung interessiert ist: Ein der Regierung nahestehender Mann übermittelte mir die Bitte, nicht weiter auf einer Vernehmung Kadyrows zu bestehen, und auch nicht auf einer internationalen Kontrolle der Ermittlungen. Daneben wurde ich aufgefordert, meinen Anwalt Wadim Prochorow zu entlassen. Der würde, so hieß es in dem Brief, einen politischen Skandal provozieren, um daraus Kapital zu schlagen. Für mich war diese Bitte eine Art Handlungsanweisung: Ich habe daraus die Schlussfolgerung gezogen, dass ich genau das Gegenteil machen muss. In diesem Sinne war dieser Brief für mich wichtig: Denn er zeigte mir, was die russische Regierung nicht will.

Ein weiterer Grund, Kadyrow zu vernehmen, besteht darin, dass er den Tatverdächtigen Saur Dadajew nach dessen Haftprüfungstermin auf Instagram in höchsten Tönen lobte: »Ich kannte Saur als einen echten Patrioten Russlands. Er hat im 46. Bataillon OBRON der Innenstreitkräfte des Innenministeriums der Russischen Föderation seit dessen Bestehen gedient. Er hatte den Rang eines Leutnants, war Vizekommandeur des Bataillons und einer der furchtlosesten und mutigsten Kämpfer des Regiments. Er wurde mit dem ›Orden für Mut‹ ausgezeichnet, mit der ›Medaille für Tapferkeit‹, mit der Medaille ›Für Verdienste um die tschetschenische Republik‹ und mit Dankesbriefen vom Präsidenten usw. Ich bin fest überzeugt, dass er Russland aufrichtig ergeben ist und bereit ist, sein Leben für Russland zu opfern.«[20] Große Worte für einen Mordverdächtigen. Einen weiteren Verdächtigen bezeichnete Kadyrow als »mutigen Krieger«. Beides belegt, dass er den Angeklagten persönlich kannte und deshalb auch über Informationen verfügen muss, die für die Ermittlungen wichtig sind.

Wer nun glauben würde, die Zentralregierung werde Kadyrow für ein solch provokantes Verhalten zur Ordnung rufen, irrt. Genau das Gegenteil geschah. Am 8. März 2015, also acht Tage nach dem Mord an meinem Vater, hat Putin einen Erlass unterschrieben und damit verfügt, dass Kadyrow mit einem Orden ausgezeichnet wurde – für seine Arbeitserfolge, sein gesellschaftliches Engagement und seine langjährige gewissenhafte Arbeit.

Im Oktober 2015 forderte Kadyrow mich auf, die Mörder meines Vaters in meinem eigenen Umfeld zu suchen! Was für eine Dreistigkeit – nachdem die Tatverdächtigen sich als seine Untergebenen herausgestellt haben.

Putin selbst sagte, Kadyrow sei für ihn wie ein Sohn. Schon mein Vater hat sich kritisch mit ihm auseinandergesetzt. Unter anderem schrieb er einmal auf Facebook: »Ich kann nicht verstehen, worauf Putin setzt, wenn er 20 000 Kadyrow-Männer bewaffnet. Kadyrow hat erklärt, dass seine Kämpfer bereit sind, Verteidiger des Regimes zu werden und jeglichen Befehl des Kremls auszuführen. Das glaube ich gerne, wo doch Putin jedes Jahr zuverlässig Tschetschenien mit ganzen Zügen voller Geld finanziert. Die Subventionen betragen jährlich mindestens 60 Milliarden Rubel [ca. 1,5 Milliarden Euro nach damaligem Kurs]. Was wird weiter passieren? Das Land gerät in die Krise, das Geld wird nicht mehr reichen, auch für die Unterstützung der Regionen. Der ungeschriebene Vertrag zwischen Kadyrow und Putin – Geld gegen Loyalität – wird enden. Und was werden die 20 000 Kadyrow-Männer machen? Was werden sie fordern? Wie werden sie sich verhalten? Wann werden sie nach Moskau fahren?«[21]

Kadyrow ist mit seinem kriminellen Regime zu einem der wichtigsten Stützpfeiler im System Putin geworden – was wiederum vielen anderen Männern aus den Sicherheitsorganen im Dunstkreis des Präsidenten sehr missfällt. Nach Ansicht von Michail Chodorkowski gibt es unter Putin keine Gewaltenteilung in Legislative, Exekutive und Judikative, darüber hinaus keine freien Massenmedien und keine Zivilgesellschaft. Deshalb habe Putin auch ein Pseudo-System schaffen können, so Chodorkowski, in dem Kadyrow und die ihn umgebenden Banditen eine Rolle spielen.

Kadyrow ist die Sollbruchstelle im System Putin. Im Sommer 2015 kam es bereits zu einer bemerkenswerten Situation in Moskau. Ein paar Leute, die beharrlich für ihre Ideale kämpfen, versammelten sich dort vor der tschetschenischen Landesvertretung, protestierten gegen Kadyrow und forderten, dessen Rolle beim Mord an meinem Vater aufzuklären. Sie hatten Zahnbürsten dabei, Seife, Pflaster und Jod. Es kam, wie es kommen musste: Der Sicherheitsdienst der Landesvertretung begann, gegen sie vorzugehen. Doch da rückte OMON an, eine gut ausgerüstete Sonderabteilung der Polizei, die für Einsätze bei Demonstrationen geschult ist. Und was passierte dann? Statt zu prügeln, statt festzunehmen, bildeten die Männer fürs Grobe eine Phalanx um die Demonstranten – fast wie in einem *Asterix*-Comic. Die Handvoll Dissidenten traute ihren Augen nicht. Keine Prügel? Keine Festnahmen? »Wir haben Befehl, Sie zu schützen«, sagte einer der Männer in Uniform.

Der Vorfall zeigt deutlich: Das Innenministerium, also die Polizei, und der KGB-Nachfolger FSB haben inzwischen einen Konkurrenten, den sie für weit gefährlicher halten als die Opposition: Kadyrow. Der sagte öffentlich, im Ernstfall werde er einen Schießbefehl auf (Bundes-)Polizisten geben. Was die nicht gerne hören.

Ich muss mich wegen des laufenden Verfahrens sehr zurückhalten mit Verdächtigungen. Aber ich dränge entschieden darauf, dass die Rolle von Kadyrow gründlich untersucht werden muss.

Meine Beziehung zu meinem Vater

In seinem Buch *Aus der Provinz in den Kreml* schrieb mein Vater 1997: »Das Beste, was mir in meinem Leben passiert ist, ist meine Tochter.«[22] Auch ich fühle das so: Das Beste, was es bisher in meinem Leben gegeben hat, ist mein Vater. Wir hatten eine sehr enge Beziehung. Er war der wichtigste Motor in meinem Leben. Und er ist es auch heute noch, über seinen Tod hinaus.

Die meisten Menschen betrachten den Kontakt zu ihren Eltern ab einem gewissen Alter eher als Pflicht denn als Freude. Ich hingegen habe alles stehen- und liegenlassen, wenn mein Vater Zeit hatte für ein gemeinsames Treffen, selbst wenn ich dafür ein romantisches Abendessen mit meinem Freund absagen musste. Umgekehrt aber war auch mein Vater immer für mich da, wenn ich das wollte.

Das war beispielsweise im Dezember 2014 so, als ich an einer schweren Angina erkrankte. Ich hatte ihn angerufen und geklagt, wie schlecht es mir gehe. Noch am gleichen Tag kam er spätnachts bei mir vorbei, obwohl er abends eine Veranstaltung in Jaroslawl hatte, also vier Zugstunden von Moskau entfernt. Er brachte eine Tüte voller Vitamine mit: Orangen, Mandarinen und Granatäpfel. Ich konnte ihm ansehen, dass er furchtbar müde war, so müde, dass er, kaum hatte er sich aufs Sofa gesetzt, sofort einschlief. In jenen Tagen war er eigentlich ständig übermüdet. Oft sagte er damals, dass er in ein paar Jahren in Rente gehen wolle, weil er keine Kraft mehr habe. Aber ich glaube, dass er das nur einfach dahingesagt hat. In Wirklichkeit war er nicht der Mensch, der alles hingeschmissen hätte.

Seit November 2012 lebten wir in Moskau nur wenige Häuser voneinander entfernt. So kam es, dass wir uns auch einfach mal zufällig auf der Straße trafen oder in einem der vielen Cafés, die es hier in der Gegend gibt. Gelegentlich machten wir auch noch gemeinsam Urlaub.

Vor mehr als zehn Jahren etwa zu zweit in Lugano. Wir beide hatten damals den festen Vorsatz abzunehmen und trieben jeden Tag von morgens bis abends Sport. Schwimmen, Radfahren, Tennis. Es war der reinste Stress. Und erfolglos. Denn vom vielen Sport wurden wir so hungrig, dass wir wie die Weltmeister aßen und mit dem gleichen Gewicht zurückreisten, mit dem wir angekommen waren. Nur dass wir nach diesem Urlaub dringend noch mal einen gebraucht hätten.

Die letzte längere gemeinsame Reise war 2009, als sich die Weltwirtschaft gerade in der Krise befand. Wir fuhren zusammen nach Ägypten. Dort fand zu diesem Zeitpunkt gerade auch die »Russische Welle« statt, ein Wassersportwettbewerb für Profis und Amateure. Mein Vater war ein großer Surfer, aber es herrschte in diesem Februar leider oft Windstille; so verbrachten wir viel Zeit in Cafés und am Strand. Damals hatte ich noch keine Surfkleidung, und mein Vater lieh mir deshalb seine Shorts und sein Hemd aus. Ich hatte kurze Haare, und so hielten mich witzigerweise einige Leute auf den ersten Blick für seinen Sohn.

2012 und 2014 machten wir Urlaub in benachbarten Orten in Italien und besuchten uns gegenseitig. Weil ich damals schon ein paar Brocken Italienisch konnte, bat mich mein Vater einmal, Medikamente zu besorgen, die er einem Freund in Russland mitzubringen versprochen hatte, dessen Frau schwerkrank war. Er war stolz darauf, dass ich all das in der Apotheke erklären konnte, mit meinem Italienisch, das weit davon entfernt ist, perfekt zu sein: Er war sogar so stolz, dass er davon dem gesamten Hotelpersonal erzählte.

Für den Januar 2015 hatten wir einen gemeinsamen Skiurlaub geplant, meine Mutter, er und ich, und vielleicht wäre auch noch irgendjemand mitgereist. Aber in letzter Minute entschloss er sich stattdessen, nach Israel zu reisen. Ich habe ihm per WhatsApp Fotos geschickt, eine Alpenlandschaft und ein Porträt von mir selbst. Er schrieb zurück: »Schön!«

Ich fragte: »Die Natur?«

Seine Antwort: »Die Natur ist egal! Du bist schön!«

Mein Vater war für mich immer in gewisser Weise so etwas wie die letzte Instanz der Wahrheit. Auch als ich anfing, als Journalistin zu arbeiten, holte ich mir viele Informationen von ihm. Wenn ich beispielsweise ein Interview mit einem bestimmten Politiker oder Wirtschaftsführer vorbereiten musste, dann habe ich zuerst ihn angerufen und mir von ihm wichtige Tipps geben lassen. Heute fehlt mir in solchen Situationen sein politischer Sachverstand. Das geht wahrscheinlich vielen anderen genauso. Als er noch lebte, konnte man einfach auf seine Facebook-Seite gehen und dort seine Kommentare zu den aktuellen Ereignissen nachlesen. Mein Vater war ein exzellenter Experte auf vielen Gebieten – vom Ölpreis bis hin zur russischen Außenpolitik, von den Gesetzen der Physik bis hin zu den Gesetzen des journalistischen

Handwerks. Er verstand es, schwierige Sachverhalte in einfacher und allgemeinverständlicher Sprache zu vermitteln.

Als ich in der Schule das Prozentrechnen nicht verstanden habe, hat mein Vater gar nicht erst versucht, mir die Zusammenhänge beizubringen, sondern mir einfach gleich die Regeln gesagt: »Du musst die Zahlen durch hundert teilen und dann malnehmen mit der Prozentzahl, die angegeben ist. So bekommst du die benötigte Prozentzahl.« Genauso machte er es bei anderen mathematischen Aufgaben, er sagte immer die Lösung, statt zu erklären. Und darin liegt eine ganz einfache Wahrheit: Wenn ein Mensch lernt, muss er nicht unbedingt wissen, worin die Natur der Dinge besteht, es reicht aus, wenn man eine schnelle Lösung parat hat. So gehe ich auch beim Lernen der deutschen Sprache vor: Für mich als Russin ist es nicht nachvollziehbar, warum das Wort »Mädchen« im Deutschen ein Neutrum ist (in Russland ist es weiblich), aber das ist eben so. Mit der Deklination geht es mir genauso, sie lässt sich verstandesmäßig nicht durchdringen.

Mein Vater hatte auch eine schwache Seite: Er hatte keine gute Menschenkenntnis. Er wusste das und beklagte es. Es lag wohl daran, dass er zu gutmütig war und zu sehr an das Gute im Menschen glaubte. So setzte er immer wieder auf die falschen Personen.

Meine Eltern haben mich nicht streng erzogen. Sie haben mich nie unter Druck gesetzt und auch keine großen Forderungen an mich gestellt. Meine Mutter meinte nur: »Schanna holt keine Sterne vom Himmel«, und mein Vater schlug vor, dass ich Tennisspielerin werden solle. Sport hat mich sehr interessiert, aber ich war damals schon zu alt, um noch in die Tennisschule der russischen Olympiareserve aufgenommen werden zu können.

Tatsächlich hatte mein Vater aus beruflichen Gründen immer wenig Zeit für die Familie. In seinem ersten Buch *Aus der Provinz in den Kreml* schrieb er: »Meine Tochter – sie ist diejenige, die unsere Familie stark vereinigt. Und mir scheint es, dass meine Tochter das ist, wofür es sich lohnt zu leben. Obwohl ich sie kaum sehe, weil ich so beschäftigt bin. Das ist übrigens das Schicksal aller Kinder von Chefs: Sie wachsen verwahrlost auf.«[23] Aber auch meine Mutter hat sich nicht viel um mich oder meine Erziehung gekümmert, sie hat gesehen, wie selbständig ich bin, und es vorgezogen, mir meine Freiheit zu lassen. Ich würde sogar sagen, meine Eltern haben mich überhaupt nicht erzogen. »Ich mache mir keine besonderen Sorgen um das Schicksal meiner Tochter«, schrieb mein Vater, »sie wird alles selbst erreichen.«[24] Mein Freund, der mich für selbständig und unabhängig hält, sagt übrigens, mir fehle es an Erziehung. Und das stimmt ja auch, ich bin ja wirklich aufgewachsen wie eine wilde Pflanze.

Viele Eltern lesen ihren Kindern vor dem Schlafengehen gerne Bücher vor; mein Vater mochte das gar nicht. Er erzählte mir lieber Geschichten aus seiner Kindheit. Und die fing er immer mit denselben Worten an: »Als ich ein kleiner Junge war und in Sotschi lebte …« Dann erzählte er beispielsweise, wie er vom Garagendach gefallen und genau in diesem Moment klug geworden ist. Das ist natürlich ein Gute-Nacht-Märchen, mein Vater war schon von Geburt an klug und wurde es nicht, weil er vom Dach gefallen ist. Ich bin auch als Kind auf den Kopf gefallen – im Flughafen von Sotschi direkt vor dem Abflug. In gewisser Weise habe ich also das Schicksal meines Vaters wiederholt, aber ich weiß nicht, ob ich dadurch vergleichbar klug geworden bin.

Mit Beginn der Perestroika – da war ich gerade mal vier, fünf Jahre alt – fanden bei uns zu Hause immer wieder politische Gespräche statt. Damals war es nicht üblich, sich in der Öffentlichkeit über Politik zu unterhalten. In unserer kleinen Wohnung in Nischni Nowgorod saßen dann – unter der Woche abends und am Wochenende tagsüber – Dissidenten und Aktivisten um den Küchentisch und diskutierten.

Zwischen 1980 und 1986 lebte der Wissenschaftler Andrei Sacharow in Gorki, wie Nischni Nowgorod damals hieß. Er ist der sowjetische Erfinder der Wasserstoffbombe und erhielt 1975 den Friedensnobelpreis, weil er sich sehr für die Menschenrechte in der Sowjetunion eingesetzt hat. Irgendwie war auch ich als Kind von Sacharow so angetan – obwohl ich die Größe seiner Persönlichkeit natürlich damals noch gar nicht ermessen konnte –, dass ich meinen Kater nach ihm benannte.

Natürlich war ich von Kindesbeinen an mit politischen Themen konfrontiert. Je älter ich wurde, desto mehr verstand ich. Ich erfuhr fast täglich, was im Obersten Sowjet der Sowjetunion – das war damals das Landesparlament – diskutiert wurde, und bekam die Vollversammlungen im Fernsehen mit. Irgendwann kam ich mit meinem Kindheitsfreund Dima auf die Idee, die Abgeordneten zu parodieren. Das haben wir dann auf Kassette aufgenommen.

Dima und ich haben bis heute die gleichen politischen Ansichten. Seit vielen Jahren schon haben wir uns nicht mehr gesehen, aber wir schreiben uns regelmäßig via Facebook. Manchmal kritisiert er mich, immer dann, wenn ich Äußerungen von mir gebe, die in seinen Augen zu mutig sind und gefährlich für mich werden könnten. Oder er lobt mich für die guten Interviews, die ich für die Deutsche Welle führe. Außerdem hat er mich einmal gebeten, ein Buch über meinen Vater zu schreiben.

Die ersten Jahre meines Lebens bin ich in bescheidenen Verhältnissen aufgewachsen. Meine Eltern hatten genug Geld für Lebensmittel, aber nicht für mehr – wie die Mehrzahl der Sowjetbürger. Das Problem damals war, dass man sich, auch wenn man Geld hatte, keine Waren kaufen konnte, denn es herrschte Mangelwirtschaft.

Das, was bei uns zu Hause auf den Tisch kam, war einfache Kost, und an Kleidern hatten wir nur das Nötigste. Immer wieder gelang es meinem Vater mit viel Glück, das eine oder andere trotzdem zu beschaffen. In der Sowjetunion nannte man das: etwas »erreichen«. Ich dachte damals, es läge daran, dass mein Vater mit seinen 1,87 Metern so groß sei, dass er in den Geschäften die obersten Regale »erreichen« und deshalb etwas bekommen könnte.

Als mein Vater Gouverneur wurde, war ich sieben Jahre alt, und unser Lebensstandard änderte sich mit einem Mal. Schnell bemerkte ich auch, dass man mich als Tochter des Gouverneurs plötzlich anders behandelte, auch in der Schule. Und ich empfand diese Sonderbehandlung als unangenehm. Ich wollte nicht anders als die anderen Schüler sein. Deshalb habe ich den offiziellen Fahrer meines Vaters, der mich jeden Tag zur Schule brachte und nach dem Unterricht wieder abholte, gebeten, ein paar hundert Meter entfernt von der Schule anzuhalten, damit keiner mich aussteigen sah. Dabei wusste natürlich jeder, dass ich gefahren wurde. Ab dem dreizehnten Lebensjahr, als ich bei meiner Großmutter lebte, fuhr ich mit den öffentlichen Verkehrsmitteln in die Schule.

Meine Einstellung damals war: Wenn ich schon zu den Privilegierten gehöre, dann muss ich besondere Bescheidenheit an den Tag legen. Ich wollte andere nicht unnötig neidisch machen, im Gegenteil: Ich versuchte, nicht aufzufallen. Dieser Charakterzug fiel auch meinem Vater positiv auf: »Mir gefällt es, dass sie absolut nicht die Möglichkeiten ausnützt, die sie als Tochter eines Gouverneurs hat. Sie geht auf eine gewöhnliche Schule und will nicht auf eine Eliteschule. Und nicht, weil sie kein Interesse hätte an einer guten Bildung, sondern weil sie es für unanständig hält, sich von den anderen abzusetzen. So scheint es mir.«[25]

Soviel Freiheit mir mein Vater in meiner Kindheit und Jugend gewährte, so wenig hielt er mit seiner Meinung hinter dem Berg. Wenn ich mich für etwas entschieden hatte, dann verlangte er von mir, zu den Konsequenzen, die sich daraus ergaben, zu stehen. Bis heute habe ich seine Worte im Ohr: »Du hast dich entschieden, jetzt musst du für diese Entscheidung auch einstehen!« Ja, ich musste früh lernen, Verantwortung für mich zu übernehmen.

1997 etwa, als mein Vater Erster Vizepremierminister wurde und wir deshalb von Nischni Nowgorod nach Moskau zogen. Ich war dreizehn und hatte große Schwierigkeiten mit dem Wechsel von der Provinz- in die Großstadt. Alles war ganz anders; überall Autos, überall Menschen, das war zu viel für mich. Ich bekam großes Heimweh. Und ich bin tatsächlich zurückgekehrt. Alleine. Ich habe meinen Eltern gesagt: »Ich kann in Moskau nicht länger bleiben.« Ich war so entschlossen, dass mich niemand stoppen konnte, vielleicht auch, weil ich mich in Nischni Nowgorod gerade zum ersten Mal verliebt hatte – natürlich noch auf eine kindliche Art, aber eben doch verliebt.

Meine Eltern haben nicht versucht, mich umzustimmen, aber meine Lehrer waren ziemlich entsetzt über mein Vorhaben und warnten davor, dass ich meine Entscheidung später bereuen würde. Sie hatten nicht recht. Ich habe meinen Schritt nie bereut. Ich ging zurück nach Nischni Nowgorod und lebte bei meiner Großmutter, der Mutter meines Vaters. Für sie war das nicht einfach. Um ganz ehrlich zu sein: Ihr standen oft die Haare zu Berge. Ich war mitten in der Pubertät und eine richtige Herausforderung für eine ältere Dame. Wenn sie nicht mehr weiterwusste, drohte sie mir, mich zu meinen Eltern nach Moskau zu schicken. Damit konnte sie mich im Zaum halten.

Bis Sommer 1998 bin ich in Nischni Nowgorod geblieben. Dann habe ich mich doch entschlossen, nach Moskau zu ziehen, weil ich bei meinen Eltern leben wollte. Ich bezweifle, dass ich in einer vergleichbaren Situation so freizügig sein könnte wie meine Eltern und meiner dreizehnjährigen Tochter erlaubt hätte, was sie mir zugestanden haben.

Für russische Verhältnisse war die liberale Einstellung meiner Eltern relativ ungewöhnlich. Viele russische Eltern behüten ihre Kinder bis ins hohe Erwachsenenalter hinein. Mit der Konsequenz, dass sich die Kinder auch als Erwachsene wegen jeder Kleinigkeit an ihre Eltern wenden, selbst dann, wenn sie bereits Eltern sind: Ich meine damit nicht, dass sie sie um Rat bitten, was ich ja auch oft bei meinem Vater gemacht habe, sondern ich meine, dass sie davon ausgehen, dass ihre Eltern alle Probleme für sie lösen – mit Geld, Beziehungen oder sonstigem Einsatz.

Mein Vater sagte immer, er sei nur für Notfälle da – das war sein Credo, »wie eine Versicherungsfirma«, sagte er: »Ich bin da, wenn etwas Unvorhergesehenes, Schlimmes passiert.« Etwa, wenn ich einen Unfall gehabt hätte oder von heute auf morgen ohne Geld dagestanden wäre. Ansonsten beließ er es bei der Hilfe zur Selbsthilfe. So stellte er etwa Kontakte für mich her – er war ja unglaublich gut vernetzt –, aber er gab mir nur Telefonnummern und Adressen und rief nicht an. Das musste ich immer selbst tun, und das war auch gut so.

Was meinem Vater immer am Herzen lag, war meine Arbeit. Es war ihm wichtig, dass ich einen Job finde, der mich erfüllt. Selbst wenn ich einmal in die Politik gehen sollte, meinte er, müsse ich vorher beruflich auf beiden Beinen stehen: »Jeder Politiker sollte eine berufliche Biographie haben, nur Berufspolitiker zu sein von Anfang an, das ist falsch«, sagte er zu mir. Er selbst war ja Physiker, genauso wie Angela Merkel. Offenbar hoffte er insgeheim, dass ich in seine Fußstapfen treten würde.

Mein Vater sah sich häufig meine Sendungen an und war anschließend nicht sparsam mit Kritik. Auch meine Facebook-Seite verfolgte er aufmerksam. Einmal postete ich: »Ich bin Optimistin geworden, was den Rubelkurs angeht. Der Ölpreis und damit auch der Rubel werden stabil bleiben.« Das hat er dann auf seiner eigenen Facebook-Seite geteilt. Und so kommentiert:

»Schanna, meine Tochter, ist Optimistin. Sie behauptet, dass der Rubel steigen wird. Und zwar weil sie davon ausgeht, dass der Ölpreis steigt, da in Amerika die

Anzahl der Bohrlöcher abnimmt und damit auch die Investitionen in den Ölsektor. Die Zahl der Ölquellen sinkt tatsächlich, aber die Förderung steigt. Amerika fördert bereits mehr als zehn Millionen Barrel am Tag und ist damit auf dem Niveau von Russland und Saudi-Arabien.

Ich bin nicht so ein Optimist wie Schanna Nemzowa. Russland wird im Februar und März 32 Milliarden Dollar Auslandsschulden zurückzahlen müssen. Das wird den Rubelkurs drücken. Zweitens hat niemand vor, die Ölförderung zu senken. Und das Angebot ist immer noch größer als die Nachfrage. Das bedeutet, dass der Ölpreis sinken kann und parallel mit ihm der Rubel. Drittens druckt die Zentralbank Geld und verteilt damit Kredite an Putins Oligarchen, etwa Rosneft. Aber man muss auf seine Tochter hören. Deshalb habe ich Teile meines Gelds in Rubel umgeschichtet ...«

So machte er das immer. Er nahm mich ernst und hatte Respekt vor dem, was ich dachte.

Natürlich wünschte er sich auch, dass ich heirate, dass ich Kinder bekomme. Ein normaler Wunsch, den jeder liebende Vater hat. Nach meiner Scheidung im Jahr 2011 hat mein Vater allerdings die Hoffnung aufgegeben, dass ich ihn in absehbarer Zeit zum Großvater machen würde. Das zu akzeptieren fiel ihm nicht leicht. Auch wenn er mich zu einer selbstbewussten Frau erzogen hat, so fand er auch, dass man sich nicht nur in der Karriere, sondern auch als Mutter verwirklichen muss. Aber man darf seine Einstellung nicht an westlichen Maßstäben messen, das wäre ungerecht. So kann man vielleicht auch nachvollziehen, dass ich für die russische, männliche Welt zu emanzipiert und zu westlich bin.

Bei all dem, was ich bisher über meinen Vater gesagt habe, könnte man davon ausgehen, dass in Bezug auf ihn immer alles eitel Sonnenschein war. Das war natürlich nicht so. Ich will da kein Blatt vor den Mund nehmen: Seine oft wechselnden Frauenbeziehungen waren ein richtig großes Problem für mich.

Mit siebzehn Jahren erfuhr ich, dass ich nicht sein einziges Kind bin. Meine Mutter bekam einen Anruf von Katja Odinzowa, einer Journalistin aus Nischni Nowgorod, die ihr erzählte, dass sie zwei Kinder mit meinem Vater habe, einen Sohn, Dima, der damals sechs Jahre alt war, und eine Tochter, Dina, die damals zwei Jahre alt war. Mir zog die Nachricht den Boden unter den Füßen weg.

Ich fuhr sofort in die Duma, das Unterhaus des russischen Parlaments, wo mein Vater Fraktionschef der Union der rechten Kräfte war, und stellte ihn zur Rede. Es war ein hitziges Gespräch, auf Einzelheiten möchte ich hier nicht eingehen. Nur so viel: Es war für uns beide äußerst unangenehm. Übrigens: Ein paar Jahre später bekam ich noch eine weitere Schwester, Sofia, ihre Mutter ist wieder eine andere Frau.

Meine Mutter hat der Anruf von Katja nicht überrascht. Sie wusste, dass sie keinen vorbildlichen Ehemann in Sachen Treue hatte. Trotzdem gab es natürlich ein ernstes Gespräch zwischen meinen Eltern. Sie fuhren noch einmal gemeinsam in Urlaub, dann aber trennten sie sich. Beide waren sich jedoch einig, sich nicht scheiden lassen zu wollen. Ich habe eine Weile gebraucht, die Geschichte zu verarbeiten. Am meisten verletzt hat mich damals, dass mein Vater die beiden Halbgeschwister vor mir verheimlicht hat. Nach 29 Jahren Ehe haben sich meine Eltern 2012 scheiden lassen. Sie taten sich schwer mit diesem Schritt, das spürte ich, auch wenn sie schon lange nicht mehr zusammenlebten. Bis heute hat meine Mutter eine enge Beziehung zu meiner Großmutter, respektive ihrer Schwiegermutter, sie ist Teil der Nemzow-Familie geblieben. Auch unsere Geburtstage haben wir immer alle zusammen gefeiert, das war meinem Vater heilig.

Was die Frauen meines Vaters anging, gab es für mich nur eine rote Linie: Ich wollte unter keinen Umständen, dass er wieder heiratet. Mit Anna Durizkaja, einer der späteren Freundinnen meines Vaters, hatte ich ein entspanntes Verhältnis. Mein Vater nahm sie öfter mit, wenn wir uns trafen. Wir hatten nie einen Konflikt.

In mein Privatleben mischte sich mein Vater eigentlich nicht ein. Ein einziges Mal wollte er mich verkuppeln – was in einer Katastrophe endete. Und dann gab es noch einmal einen zweiten, weitaus zaghafteren, aber fast schon komischen Versuch. Als er am 31. Dezember 2010 wegen einer Demonstration gegen die Nichtbeachtung des Paragraphen 31 der Verfassung, in dem die Versammlungsfreiheit garantiert wird, im Gefängnis landete, lernte er in der Zelle einen jungen Mann kennen, der Mamo hieß. Mein Vater kam zu dem Schluss, dass Mamo und ich zusammenpassen würden. Als mein Vater wieder frei war, gab er mir die Handynummer von Mamo und lobte ihn überschwänglich. Ich begriff zuerst nicht, wen er meinte, und dann sagte er allen Ernstes: »Ich habe dir doch schon von ihm erzählt, ein ganz Netter, ich war mit ihm im Knast.«

So war mein Vater. Ein sehr positiver und gutmütiger Mensch. Er hatte ein ungewöhnliches Charisma und ein großes Herz für Menschen. Es war schwierig, ihm seine Schwächen nicht zu verzeihen. Er verstand es immer, mich aufzubauen. Er war so lebensbejahend, dass er sogar eine Erniedrigung wie die oben erwähnte Haft, für die es keine rechtliche Grundlage gab, mit Humor und Ironie hinnahm.

Nicht alle Menschen können auf ihren Namen stolz sein. Ich habe großes Glück, dass mein Vater Boris Nemzow ist. Ich bin stolz darauf, dass ich seinen Namen trage. Wenn wir einmal Kinder haben, so ist mein Freund damit einverstanden, dass sie einen Doppelnamen tragen werden: seinen und meinen.

Ich bin mir sicher, dass mein Vater darüber glücklich wäre: sowohl über Enkel als auch über den Doppelnamen.

Der Mensch hinter dem Politiker

Mein Vater war ein Mensch, der strikt zu seinen Überzeugungen stand und sich nicht wie manche andere auf faule Kompromisse einließ. Das war auch der Grund, warum es Schritt für Schritt zum Bruch mit Putin kam. Jede Art der Zusammenarbeit mit ihm war für meinen Vater tabu. Im heutigen Russland ist das eine Entscheidung mit weitreichenden Folgen.

Neben der Politik kannte sich mein Vater auch gut in der Makroökonomie aus. Besonders stolz war er auf eine Formel, die er selbst entwickelt hatte und mit deren Hilfe man den Rubelkurs in Abhängigkeit vom Ölpreis vorhersagen kann. Einige Investmentbanker in Russland nennen sie die »Nemzow-Formel«. Auch Elisabeth Osetinskaja, Chefredakteurin meines früheren Arbeitgebers RKB, interessierte sich dafür. Über Facebook nahm sie deshalb Kontakt mit meinem Vater auf, worüber er sich sehr freute.

Der russische Staatshaushalt ist, wie bereits mehrfach erwähnt, abhängig vom Ölpreis. Mein Vater ging davon aus, dass der Grund dafür, dass der russische Staat den Rubelkurs 2014 freigab und nicht mehr regulierte, unter anderem darin bestand, dass die Regierung angesichts der Ölpreissenkungen kein Haushaltsdefizit zulassen wollte. Und so errechnete er diese magische Zahl – den Rubelpreis pro Barrel, der nötig ist, damit die Staatskasse keine roten Zahlen schreibt. Anfang 2015 funktionierte diese Gleichung dann aber nicht mehr, aus einer Reihe von Ursachen, unter anderem einem Kurswechsel der russischen Zentralbank. Neben wirtschaftlichen Fragen befasste sich mein Vater auch viel mit sozialen Fragen. Viele russische Politiker in den 1990er Jahren saßen in Regionalbehörden oder Regierungsämtern und haben nie direkt mit den Menschen gearbeitet. Bei meinem Vater war das anders: Er ging selbst einkaufen, suchte das direkte Gespräch auf der Straße, war nie abgehoben. Weil er diesen Kontakt zu den Menschen hatte, der so untypisch war für sowjetische Apparatschiks, waren politische Entscheidungen für ihn nicht nur etwas Abstraktes. Er verstand, wie stark sich seine Arbeit auf das Leben seiner Mitmenschen auswirkt.

Nachdem er im Oktober 2013 als Abgeordneter ins Regionalparlament von Jaroslawl gewählt wurde, hat er einen großen Anti-Krisen-Plan für die Region ausgearbeitet. Schon zu diesem Zeitpunkt war absehbar, dass die Krise schmerzhaft sein und die Regionen empfindlich treffen würde. Zentraler Bestandteil seines Anti-Krisen-Programms war die Korruptionsbekämpfung. Als er diesen Plan vorstellte, bin ich auch zu ihm nach Jaroslawl gefahren. Das war unser letztes Treffen, eine Woche vor seinem Tod.

In seiner Zeit als Vizepräsident der Russischen Föderation Ende der 1990er Jahre setzte mein Vater durch, dass der Energiekonzern Gazprom seine Steuern endlich mit Geld bezahlte – und nicht mehr durch irgendwelche Tauschgeschäfte wie etwa die Lieferung von Gas. Eigentlich sollte das in einem zivilisierten Staat selbstverständlich sein, aber Gazprom war ein Staat im Staat, ein Konzern mit unglaublicher Machtfülle, und konnte deshalb lange mit diesen merkwürdigen Deals davonkommen. Diese Steuereinnahmen fehlten dann natürlich dem Staat. Das hat letztlich mit dazu beigetragen, dass Moskau etwa mit seinen Rentenzahlungen in großen Rückstand geraten ist und Millionen Rentner ohne Geld dasaßen. Heute sind solche Sachen leider ziemlich in Vergessenheit geraten.

Seine jüdische Abstammung spielte für meinen Vater nie eine Rolle. Er hielt sich nicht an die jüdischen Traditionen, zelebrierte keine jüdischen Feiertage und hat sich auch keiner jüdischen Organisation angeschlossen. Seine Mutter, die in ihrer Jugend noch etwas Jiddisch verstand, legte großen Wert darauf, dass sich ihre Kinder – sprich: mein Vater und seine Schwester – durch und durch als Russen fühlten und eben nicht als jüdische Russen. Sie mag es bis heute nicht, wenn man über dieses Thema spricht. Das hat auch damit zu tun, dass da tiefe Ängste sitzen, denn die jüdische Abstammung kann bei der Selbstverwirklichung in Russland stören.

Übrigens bekam meine Großmutter nach der Ermordung meines Vaters ein Beileidstelegramm von Präsident Putin, das nicht an ihren Namen, Nemzowa, adressiert war, sondern an ihren Mädchennamen, den sie Jahrzehnte zuvor abgelegt hatte und der für russische Ohren eindeutig jüdisch klingt: Eidman. Das war ihr etwas unangenehm. Viele Freunde beschwichtigten meine Großmutter und meinten, mein Vater selbst habe erzählt, wie der Mädchenname seiner Mutter lautete. Dennoch vermute ich, dass da etwas anderes dahintersteckt: Wenn der Kreml ein Telegramm verschickt, dann holt er sich doch die Adresskoordinaten nicht aus Zeitungen oder Fernsehsendungen, sondern von der zuständigen Behörde. Und dort kann meine Großmutter nur unter Nemzowa geführt sein, so wie sie ja auch laut Pass heißt.

Hat dieser »Fehler« etwas mit dem System Putin zu tun? Antisemitismus per se kann man Putin nicht unterstellen. Aber im Kampf gegen Andersdenkende nutzen er und seine Gefolgsleute skrupellos alles, was ihnen förderlich erscheint – und dabei setzen sie eben auch den Antisemitismus als Waffe ein.

Mein Vater war ein Mensch von überbordender Lebendigkeit und unglaublichem Charisma. Das empfanden viele so, auch meine Freundin Angelina: Als ich gemeinsam mit ihr am 31. Dezember 2010 auf einer Demonstration in Moskau war, die mein Vater mitorganisiert hatte, wurde er vor unseren Augen festgenommen. Bei dem anschließenden Prozess war unter anderem sie als Zeugin geladen. Sie wusste genau, dass es für sie negative berufliche Folgen haben konnte, wenn sie mit ihrer Aussage meinen Vater unterstützte. Und dennoch tat sie es und erzählte die Wahrheit: dass mein Vater keinerlei Widerstand gegen die Polizei geleistet hatte, wie ihm das vorgeworfen wurde. Sie sagte: »Ich habe keine Ahnung von Politik, aber Boris Nemzow gefällt mir, und er hat recht.«

2014 hat der Europäische Gerichtshof für Menschenrechte entschieden, dass die russischen Behörden mit der Festnahme die Menschenrechte verletzt haben, und den russischen Staat verpflichtet, meinem Vater eine Entschädigung zu bezahlen.

Wenn mein Vater den Raum betrat, richteten sich sofort alle Blicke auf ihn. Mein Vater war wie Boris Jelzin hochgewachsen, kräftig, ein echter Hüne, der einem schon durch seine bloße Präsenz Respekt einflößt. Er war nicht nur klug, sondern auch eitel. Fitness war für ihn wichtig, und Sport nahm deshalb auch einen wesentlichen Platz in seinem Leben ein. Er hatte viel Selbstdisziplin und sagte oft: »In Russland muss man lange leben, um etwas zu erreichen, deshalb muss man gesund sein. Der Kampf um Freiheit in Russland ist kein Sprint, sondern ein Marathonlauf.«

Tennis spielte er bis zuletzt mehrmals in der Woche und sogar zweimal am Tag, wenn er im Urlaub war. Einmal hat er gegen Boris Jelzin gespielt, als dieser noch Präsident war. Jelzin war es übrigens, der Tennis in Russland überhaupt erst populär gemacht hat.

Irgendwann hat mein Vater vom vielen Tennisspielen Probleme mit den Gelenken bekommen und ist auf Wind- und Kitesurfen umgestiegen. 2007 wurde er einer der Organisatoren der russischen Meisterschaft im Surfen und Kitesurfen »Russische Welle« und dann sogar Vizepräsident des russischen Surferverbandes. Er war so begeistert davon, dass er eine Surfstation in Russland bauen lassen wollte. »Surfen ist, wie wenn du gegen alle Kräfte der Natur ankämpfst«, schrieb er, »das Wasser kann kalt sein, der Wind beißen, die Sonne bleibt. Das Gefühl, dass alles von einem allein abhängt, passt zu mir und ist mir vertraut.«[26]

Es gab aber auch eine Phase in seinem Leben, wo er nicht genügend Zeit für Sport hatte – nämlich als er Gouverneur von Nischni Nowgorod war. Das war von 1991 bis 1997. »Ich habe viel geraucht, mich wenig bewegt«, erinnert er sich in seinem Buch *Beichte eines Rebellen*: »Mit Anfang dreißig fing mein Organismus an, stark abzubauen. Ich bekam einen Bauch, wurde schnell müde, ich schaffte er nicht mehr, länger Tennis zu spielen oder auch nur einen Kilometer zu schwimmen. Das wurde zu einem ernsten Problem für mich, ich erkannte mich selbst nicht wieder, konnte ich doch zu Universitätszeiten 25 Kilometer querfeldein laufen. So kam es, dass ich viel Fachliteratur las auf der Suche nach einer Möglichkeit, meinen Körper wieder in Ordnung zu bringen.«[27]

So wichtig für meinen Vater der Sport und sein Aussehen waren, so unwichtig war für ihn Luxus. Bei Kleidung legte er nur Wert darauf, dass sie bequem saß. Einkaufsbummel waren ihm ein Graus. Auch beim Essen war er eher anspruchslos. Nichts lag ihm ferner, als eine Mahlzeit zu zelebrieren. Als wir noch zusammenlebten, also bis zu Beginn meines Studiums, gab es zu Hause keine festen Essenszeiten. Wer Hunger hatte, ging einfach zum Kühlschrank und kochte sich etwas, egal wann. Und so hielt es mein Vater bis zuletzt: Wenn er hungrig war, kam die obligatorische Frage »Ist was zum Fressen da?«, und dann folgte der Blick in den Kühlschrank – oder eben in die Speisekarte. War die Auswahl im Restaurant zu groß, fragte er die Kellnerin: »Was schmeckt?«, und bestellte sich dann, was sie ihm empfahl.

Einen Charakterzug habe ich an meinem Vater ganz besonders geschätzt: seine Toleranz – eine Tugend, die in Russland leider wenig verbreitet ist. Mein Vater machte sich für Minderheiten stark, etwa mit seiner bereits erwähnten Unterschriftenaktion gegen den Krieg in Tschetschenien.

Trotz all der politischen Erfolge, die mein Vater hatte, ist er immer bescheiden geblieben. »So etwas wie Dünkel, sich als etwas Besseres zu empfinden, wie es heute die herrschende Klasse in Russland so extrem tut, das war Boris völlig fremd; er sprach mit einem ausländischen Premierminister genauso wie mit einer alten Babuschka vom Bauernmarkt, für ihn stand immer der Mensch im Mittelpunkt, nicht sein Status«, erinnert sich sein Freund und Weggefährte Wladimir Kara-

Mursa, der wie mein Vater Opfer eines Anschlags wurde, aber überlebte – ich habe darüber bereits zu Beginn des Buches berichtet.

An dieser Stelle noch einmal zurück ins Fitnessstudio: Mein Vater nahm Kara-Mursa regelmäßig mit und leitete ihn mit fast schon väterlicher Geduld an den Geräten an. Besucher des Studios waren darüber verwundert, erinnert sich Kara-Mursa: »Sie dachten, ich muss wohl ein Super-Oligarch oder etwas ganz Besonderes sein, wenn ich einen früheren Vizepremierminister als Fitnesstrainer habe. Dabei war ich nur sein Freund. Das erinnerte mich an die alte sowjetische Anekdote, wie Breschnew sich selbst ans Steuer setzte und seinen Fahrer auf den Rücksitz schickte; als er dann am Kreml vorfuhr, wunderten sich die Wachsoldaten, sie wurden ganz weiß: ›Weiß der Teufel, wer in dem Auto sitzt, aber Breschnew ist sein Fahrer!‹ So fühlte ich mich, als Boris mich trainierte.«

Als ich mich dazu entschlossen habe, dieses Buch zu schreiben, ist auch meine Großmutter auf die Idee gekommen, ihre Erinnerungen an meinen Vater zu Papier zu bringen. Auf diese Weise habe ich einiges Neues über ihn erfahren können, insbesondere aus seiner Kindheit.

Zunächst möchte ich aber etwas über meine Großmutter erzählen. Sie kam 1928 in Nischni Nowgorod auf die Welt, das ist heute die fünftgrößte Stadt Russlands, die von 1932 bis 1990 von den Kommunisten in Gorki umbenannt wurde. Ihre Kindheit verbrachte meine Großmutter in einem recht berüchtigten Stadtviertel von Nischni Nowgorod, in dem es viele Kriminelle gab.

Ihr Vater glaubte, wie das üblich war in der Sowjetunion,

fest an die kommunistische Idee. Er hatte Lenin noch mit eigenen Augen gesehen und war stolz darauf, so wie sich das damals in der Sowjetunion gehörte. Gemeinsam mit ihrem Vater, ihrer Mutter, zwei Brüdern und Schwestern lebten sie in zwei Zimmern mit Kohleofen und Toilette auf dem Hof. Obwohl mein Urgroßvater ein Parteifunktionär war, hat er seine Position nie ausgenutzt. Während des Zweiten Weltkriegs etwa war er für die Brotvergabe in seiner Autofabrik zuständig – und hat nie auch nur eine Scheibe Brot mehr mit nach Hause gebracht, als seiner Familie zustand.

Meine Großmutter schloss ihr Medizinstudium mit Auszeichnung ab und wurde Kinderärztin. Nach ihrer Hochzeit lebte sie lange in Sotschi am Schwarzen Meer, wo sie am 9. Oktober 1959 meinen Vater auf die Welt brachte.

Von der ersten Klasse an soll er, so meine Großmutter, seine Hausaufgaben völlig selbständig gemacht haben. Sie musste ihn nie kontrollieren. In allen Fächern hatte er gute Noten – ganz anders als ich später, nur mit der Disziplin klappte es nicht so, wie es sein sollte. Im Klassenheft standen Bemerkungen wie »Er war in der Pause zwischen den Stunden laut« oder »Er redete im Gesangsunterricht mit den Nachbarn und lachte«. Trotzdem war er bei seinen Lehrern beliebt.

Und das war er auch bei seinen Mitschülern. »Unsere Wohnung war ein Durchgangsbahnhof, immer war Besuch da«, erinnert sich meine Großmutter. Mein Vater hasste als Kind die »Chruschtschowka«, so nannte man solche kleinen Zweizimmerwohnungen aus der Chruschtschow-Zeit. Lernen musste er in der Küche, manchmal sogar auf dem Klo, wenn die anderen schon schliefen.

Bereits ab der sechsten Klasse verdiente mein Vater sein

erstes eigenes Geld. Dafür musste er morgens noch früher aufstehen, denn er half vor Schulbeginn in einem benachbarten Milchgeschäft beim Entladen der Ware. Im Sommer mussten alle Schulkinder zur Kartoffelernte aufs Land, das war Pflichtprogramm. Als Student verdiente er sich mit Nachhilfe etwas zu seinem Stipendium hinzu, das damals zwar jeder sowjetische Student bekam, das aber ziemlich bescheiden ausfiel.

Von klein auf war mein Vater ein freiheitsliebender Mensch. Es kam schon mal vor, dass er stundenweise die Schule schwänzte, weil er wichtigere Pläne hatte, oder dass er abends einfach nicht nach Hause kam und auswärts übernachtete, ohne vorher Bescheid zu geben – eben weil er spontan mit Freunden ein Lagerfeuer am Fluss machte. Das war nicht schön für meine Großmutter, sie musste sich nicht nur einmal unnötig Sorgen um ihn machen.

Mein Vater war agil, er liebte es, auf Garagendächer oder Bäume zu klettern, und hat sich so die eine oder andere Schramme zugezogen, einmal hatte er eine klaffende Wunde über dem Auge, ein anderes Mal brach er sich ein Bein. Er war sportlich. In jungen Jahren entdeckte er seine Leidenschaft für Langlauf und Schlittschuhfahren. Beides brachte er sich selbst bei.

Meine Großmutter sagte mir auch, dass mein Vater schon als kleiner Junge sehr kommunikativ war. Wenn sie an den Strand in Sotschi gingen, blieb er nicht bei der Familie sitzen, sondern lief herum und beobachtete die Leute. Dort gab es auch Männer, die Schach spielten. Ihnen schaute er ab seinem vierten oder fünften Lebensjahr immer wieder intensiv zu. Eines Tages fragte er sie schließlich, ob er mitspielen dürfe. Die Schachspieler lachten zunächst, ließen ihn dann aber gewähren – und waren völlig verdutzt: Er hatte sich tatsächlich im Laufe der Zeit alle Regeln abgeschaut und konnte auf ihrem Niveau mithalten.

Auch als Erwachsener lernte er ohne fremde Hilfe Englisch und sprach so fließend, dass er sogar Vorträge an Universitäten auf Englisch halten konnte.

Meine Großmutter hat mit ihren Kindern nie geschimpft und sie auch nie von oben herab behandelt, sondern immer ernst genommen. Ihre Erziehungsmaßnahmen, die ich ja auch zur Genüge selbst erlebt habe, beschränkten sich daher im Wesentlichen darauf, dass sie rechtzeitig ins Bett zu gehen hatten – in den unteren Klassen um 20 Uhr. Das war ihr wichtig. Als Kinderärztin hielt sie ausreichenden Schlaf für ganz entscheidend. Ein Kind sollte in der Früh nicht geweckt werden müssen, sondern ausgeschlafen von allein aufwachen. Selbst als mein Vater Vizeregierungschef war, hielt sie an diesem Prinzip fest: Als einmal Premierminister Viktor Tschernomyrdin spätabends anrief und meinen Vater sprechen wollte, sagte sie: »Er schläft.« Tschernomyrdin bestand darauf, dass sie ihn wecken solle, weil er ihm etwas äußerst Wichtiges zu sagen habe. »Er schläft, und ich werde ihn nicht wecken«, antwortete sie ihm noch einmal höflich und mit Nachdruck. Tags darauf wies sie mein Vater erbost zurecht, aber ich bin mir sicher, sie hätte es beim nächsten Mal genauso gemacht.

Es gibt noch ein weiteres Merkmal, das laut meiner Großmutter für meinen Vater schon immer typisch gewesen ist: ausgeprägtes Mitgefühl anderen gegenüber. Sie erzählte mir: »Einmal standen wir an einer Straßenbahnhaltestelle in Nischni Nowgorod; Boris war schon ein Jugendlicher. Da saß ein Mann auf dem Boden, mitten im Winter, die Nase ganz blau, das Gesicht mit Reif bedeckt. Niemand hat sich um ihn gekümmert, alle taten so, als wäre er gar nicht da. Boris versuchte, ihn aufzurichten, dann erst kam ein anderer Mann dazu und half. Sie stützten ihn gemeinsam, so dass er in die Straßenbahn einsteigen konnte. Boris sagte dem Schaffner: ›Lassen Sie ihn bitte mitfahren, bis ihm wieder warm ist.‹ Der Schaffner nickte.«

Auch seinen Klassenkameraden gegenüber war er sehr hilfsbereit: Er unterstützte sie bei den Hausaufgaben und beim Schreiben von Referaten, oder er übte mit ihnen für Prüfungen. Julia, seine Schwester, konnte auch nie nein sagen und half immer, wenn sie jemand darum bat. Meine Großmutter glaubt, dass sie diese Gutmütigkeit von meinem Urgroßvater Jakob geerbt haben. Der soll genauso gewesen sein.

In seinem Schulabschlusszeugnis hatte mein Vater nur Bestnoten, er erhielt sogar eine »Goldmedaille« dafür, allerdings stand im Zeugnis auch eine Bemerkung, die meinem Vater ernsthafte Probleme hätte bereiten können bei der Bewerbung um einen Studienplatz: »Politisch unzuverlässig«. Meine Großmutter ging sofort zum Schulleiter und tat alles, um ihn dazu zu bringen, diese Bemerkung wieder rauszunehmen.

Meine Großmutter hat nicht umsonst den Spitznamen »Generalissimus« in unserer Familie: Wer sie kennt, weiß, dass es leichter ist nachzugeben, als gegen die enormen Wellen, die sie in solchen Situationen auslösen kann, anzukämpfen. Das verstand die Schulleiterin offenbar auch. Somit stand meinem Vater nichts mehr im Wege für eine wissenschaftliche Karriere.

Mein Vater bekam einen Studienplatz für Radiophysik an

der Universität in Nischni Nowgorod. Einen solchen Platz zu bekommen war nicht leicht: Radiophysik war damals sehr begehrt, und die Zahl der Bewerber übertraf das Studienplatzangebot um ein Vielfaches. Auch sein Studium hat er mit einer Auszeichnung absolviert – dem sogenannten roten Diplom.

Vom Physiker zum Gouverneur

Als junger Physiker ging mein Vater völlig in der Wissenschaft auf, wie meine Großmutter mir erzählte: »Er lernte viel, sein Tisch und der Boden waren übersät mit Papieren, auf denen unzählige Formeln standen.« Mit 25 Jahren promovierte er, und im Laufe seiner wissenschaftlichen Karriere schrieb er mehr als sechzig wissenschaftliche Artikel. Der russische Physiknobelpreisträger Vitali Ginsberg sagte ihm eine große Zukunft als Wissenschaftler voraus. Aber das Schicksal trieb ihn in eine andere Richtung.

Begonnen hat alles damit, dass 1987 in Gorki ein wohl einzigartiges Bauvorhaben realisiert werden sollte: ein Atomkraftwerk, und zwar nicht, wie weltweit üblich, eine große Anlage außerhalb der Stadt und möglichst weit entfernt von dichtbebautem Gebiet. Nein, jemand hatte die irrsinnige Idee, ein Atomkraftwerk mitten in der Stadt zu errichten, das Warmwasser für die Heizungen in privaten Haushalten liefern sollte. Das Problem bestand vor allem darin, dass selbst bei einem störungsfreien Betrieb eines solchen Kraftwerks das Heizungswasser mit hoher Wahrscheinlichkeit radioaktiv belastet wäre. Meine Großmutter ahnte als Ärztin sofort, welch katastrophale Folgen dieses Vorhaben für die Gesundheit der betroffenen Menschen haben würde, und wandte sich deshalb an meinen Vater. »Entweder müssen wir etwas tun, oder wir müssen die Stadt verlassen«, sagte sie zu ihm.

Die Botschaft kam an: »Ich konnte meine Mutter nicht allein zum Demonstrieren auf die Straße lassen«, erinnerte sich mein Vater später in seinem Buch *Beichte eines Rebellen* leicht ironisch. »Unsere löchrigen Heizungssysteme mit Hochtechnologie zu verbinden, das ging nicht, das leuchtete den Menschen ein. Ein atombetriebenes Heizkraftwerk – das war das Verrückteste, was sich die sowjetischen Bürokraten überhaupt hatten ausdenken können.«[28]

Mein Vater rief eine Bürgerversammlung in dem Krankenhaus ein, in dem meine Großmutter arbeitete. Die Perestroika hatte gerade erst begonnen, noch kurz zuvor wäre man für solche Aktivitäten ins Gefängnis gekommen. Auch 1987 konnte man nicht sicher sein, ob einem das nicht doch noch blühte. Zu der Versammlung erschienen übrigens auch Befürworter des Atomkraftwerks. Es ging, so meine Großmutter, heftig zur Sache. Mein Vater übte auch allgemeine Kritik an der Partei. Damit betraten die Atomkraftwerksgegner, allen voran mein Vater, Neuland: Seit Beginn der Perestroika konnte man in der Sowjetunion einzelne Sachentscheidungen in Frage stellen, aber generelle Kritik an der Partei war noch tabu – zumindest außerhalb der eigenen vier Wände.

Und so nahm alles seinen Lauf. Mein Vater veröffentlichte einen Artikel in der örtlichen Zeitung *Leninskaja Smena* (auf Deutsch: »Lenins Schicht«). Die Titelzeile lautete: »Warum ich gegen das Atomkraftwerk bin«. Der Artikel erreichte große Aufmerksamkeit. Mein Vater, der zu diesem Zeitpunkt in einem Forschungsinstitut arbeitete und gerade einmal 27 Jahre alt war, bekam Tausende von Zuschriften – von einfachen Menschen ebenso wie von angesehenen Wissenschaftlern.

Gemeinsam mit anderen jungen Mitarbeitern des Instituts organisierte er als Nächstes eine Demonstration im Stadtzentrum. Es kamen viele Menschen, einige mit Plakaten, und es gab viele Reden. Dann half er mit, eine Unterschriftenaktion zu organisieren. Sie lief tagelang. Immer wieder gab es kleinere Protestaktionen, auch berühmte Wissenschaftler beteiligten sich. Die Infostände der Atomlobby hingegen blieben relativ leer.

Beflügelt von der breiten Unterstützung besuchte mein Vater den Friedensnobelpreisträger und Dissidenten Andrei Sacharow, der damals – nach seiner Verbannung nach Gorki – schon wieder in Moskau lebte und arbeitete. In einem langen Interview, das mein Vater mit ihm führte, äußerte sich auch er, der als das Gewissen der Nation galt, ganz entschieden gegen die Atompläne. Das Interview wurde – mit Kürzungen beim Thema Menschenrechte – in der Zeitung *Leninskaja Smena* abgedruckt, die in Gorki erschien. Übrigens war das die erste und letzte journalistische Arbeit meines Vaters.[29]

Der Kampf war erfolgreich. Obwohl das Fundament für das Atomkraftwerk schon gegossen war, wurde der Bau gestoppt. Mit diesen Aktionen hatte mein Vater in Gorki große Bekanntheit erreicht. Von nun an wurde er zu vielen gesellschaftlichen Veranstaltungen eingeladen.

Zu jener Zeit – genauer gesagt: im März 1990 – fanden zum ersten Mal seit vielen Jahrzehnten freie Parlamentswahlen mit konkurrierenden Parteien in Russland statt. Mein Vater entschloss sich, dafür zu kandidieren – mit einem Programm, das für die damalige Zeit recht radikal war. Die konkreten Ziele lauteten: Pressefreiheit, das Recht auf Privateigentum, eine Öffnung des Landes nach Westen, die

Umbenennung von Gorki in Nischni Nowgorod, den historischen Namen der Stadt, und ein Ende der Atompläne. Das
Programm kam sehr gut an. Und so setzte sich mein Vater
im Alter von dreißig Jahren als einziger nichtkommunisti-
scher Kandidat gegen mehr als zehn Mitbewerber durch –
und wurde Abgeordneter des Obersten Sowjets, wie die russische Volksvertretung damals noch hieß.

Nach der ersten Sitzung im Parlament in Moskau lud
Boris Jelzin, der dort gerade mit anderen Reformpolitikern
die erste parlamentarische Oppositionsgruppe gebildet hatte, alle Abgeordneten zu einem Treffen ein, die sich im Wahlkampf für Demokratie eingesetzt hatten. Wie mein Vater
später erzählte, fiel er Jelzin offenbar wegen seines jungen
Alters sofort auf.

Jelzin war sehr interessiert daran, welche Ideen mein Vater für das Russland der Zukunft hatte. Er hörte ihm aufmerksam zu und machte sich Notizen. Zwei Monate später
wurde Boris Jelzin zum Vorsitzenden des Obersten Sowjets
gewählt – und war damit Oberhaupt der Russischen Teilrepublik innerhalb der UdSSR. Das ist vergleichbar mit einem
Ministerpräsidentenposten in Deutschland.

Als im Jahr darauf, im August 1991, Altkommunisten mit
einem Putsch gegen Gorbatschow versuchten, die Rückkehr
zum alten sowjetischen System zu erzwingen, war es Boris
Jelzin, der mit seinem entschiedenen Widerstand das Ganze
drei Tage später zu Fall brachte. Auch mein Vater verbrachte
diese drei Augusttage zusammen mit den Verteidigern der
Freiheit in der Nähe des Weißen Hauses.

Bei den Wahlen des russischen Präsidenten 1991 war
mein Vater Jelzins Vertrauensperson in der Region Gorki,
dem heutigen Nischni Nowgorod, führte also als sein Ver-

treter vor Ort dort den Wahlkampf. Jelzin siegte bei diesem Urnengang auf Anhieb mit 57,3 Prozent der Stimmen. Er war damit der erste und letzte Präsident der Russischen Sozialistischen Föderalen Sowjetrepublik, die damals noch eine Teilrepublik der Sowjetunion war und nur noch ein gutes halbes Jahr überleben würde.

Ende August 1991 setzte Jelzin meinen Vater als seinen Bevollmächtigten in der Region Nischni Nowgorod ein. Dafür gab es einen ganz einfachen Grund: Mein Vater war der einzige Mensch aus der Region, den er kannte und dem er vertraute. Drei Monate später wurde mein Vater zum Chef der Regionalverwaltung von Nischni Nowgorod ernannt; auf seinen Vorschlag hin wurde die Entscheidung getroffen, den Posten umzubenennen: in Gouverneur. Mein Vater war damals 32 Jahre alt. Wie er sich später erinnerte, sagte Jelzin bei seiner Ernennung: »Du bist jung, du bist erst 32 Jahre alt, ich ernenne dich nur für ein paar Monate. Wenn du es nicht schaffst, entlasse ich dich.«[30]

Die Aufgabe war gewaltig. Die Regionalverwaltung bestand damals de facto nicht mehr. Mein Vater saß in der ehemaligen Zentrale der Kommunistischen Partei, das Haus war leer, außer ihm gab es nur noch eine junge Assistentin, die ihm Tee zubereitete und für ihn Äpfel schnitt, wie sich sein Mitstreiter, der Reformer Grigori Jawlinski, später erinnerte.[31] Die Region mit rund 3,3 Millionen Einwohnern befand sich damals in einer schweren Krise, genauso wie viele andere Regionen Russlands: Hyperinflation, leere Regale in den Geschäften und eine Industrie, die stillstand. Auch die Stromversorgung stand auf der Kippe. Es drohte sogar eine Hungersnot: Mein Vater hatte deshalb bereits angefangen, Feldküchen auf den Straßen aufstellen zu lassen.

»Er war grün hinter den Ohren, und er war gut. Er war Gouverneur einer der größten Regionen des Landes. Er hatte riesige Perspektiven«, erinnert sich Jawlinski. Mein Vater hatte tatsächlich gigantische Pläne und wollte seine Region so schnell wie möglich vom kommunistischen Erbe befreien und reformieren. Er schaffte den Durchbruch. Und das sogar sehr schnell. Vor allem weil er mutig war, hatte er keine Angst vor ungewöhnlichen Lösungen. Und er war in der Lage, sie umzusetzen und auch die Verantwortung dafür zu übernehmen.

1992 fehlte es in Russland an Bargeld. Mein Vater ließ deshalb Obligationen herausgeben, für deren Sicherheit die Region Nischni Nowgorod die Garantie übernahm. So konnten die Menschen diese Obligationen als Zahlungsmittel verwenden. Sie wurden »Nemtzowski« genannt. Streng genommen waren sie nicht ganz legal. Deswegen kam es auch zum Streit mit dem damaligen russischen Ministerpräsidenten Jegor Gaidar. Aber für meinen Vater hatten immer die Sorgen der Menschen Priorität.

In meiner Wahrnehmung war Gorki zu sowjetischen Zeiten eine triste Industriestadt, über die sich ein grauer Schleier der Hoffnungslosigkeit gelegt hatte. Es war buchstäblich alles grau – die Gebäude, die Menschen, die Kleidung, so habe ich es in Erinnerung, so hat es sogar auf uns Kinder gewirkt. Die Stadt hatte ihren Namen erhalten zu Ehren des großen russischen Schriftstellers Maxim Gorki, den ich damals noch nicht kannte. »Gorki« ist nicht nur das Pseudonym des Dichters, sondern auch das russische Wort für »bitter«. Ich dachte deshalb, die Stadt hieße so, weil es bitter ist, in ihr zu leben. Es herrschte eine depressive Stimmung, niemand glaubte daran, dass sich irgendetwas zum Besseren wenden würde. Auch meine Eltern litten unter der Situation. Mit der Perestroika geriet das öffentliche Leben plötzlich in Bewegung.

Eines der wichtigsten Vorhaben meines Vaters war die Privatisierung. Drei Wochen nach seiner Ernennung kam Anthony Doran nach Nischni Nowgorod. Der amerikanische Fachmann für Privatisierungen war ein Mitarbeiter der International Financial Corporation (IFC), die zur Weltbank gehört. Er hatte bereits in Polen Privatisierungen durchgeführt und war von der Weltbank geschickt worden, weil die Sowjetregierung diese für die Wirtschaftsreformen engagiert hatte und eine Pilotregion schaffen wollte. Hier gab es im neuen Russland einen Gouverneur, der Anlass zur Hoffnung bot. Doran konnte mit meinem Vater Englisch sprechen, das war ungewöhnlich, denn russische Politiker konnten das damals nicht. Mein Vater hatte vor, alles innerhalb von zwei Wochen zu privatisieren.

Doran überzeugte ihn davon, mit der »kleinen Privatisierung« zu beginnen, also mit der Privatisierung der Geschäfte im Einzelhandel. Schon im April 1992 ging es damit los – und zwar auf Auktionen. In seinem Buch *Aus der Provinz in den Kreml* gestand mein Vater: »Pilotprojekte sind meine Schwäche. Ich mag es, neue Ideen einzuführen.«[32] In den meisten Fällen kauften die Mitarbeiter ihre eigenen Firmen dem Staat ab. Alle führenden Zeitungen der Welt berichteten darüber – und mit einem Mal war der Name meines Vaters weltweit in aller Munde. Auch Margaret Thatcher begann sich für ihn und das Nischni Nowgoroder Modell zu interessieren. Und so führte die erste Russlandreise der Ex-Premierministerin 1993 nach Nischni Nowgorod und nicht nach Moskau oder Sankt Petersburg.

Als Nächstes wurden die Lastwagen privatisiert. Sie gehörten alle einem Staatsunternehmen, dessen Chefs heftigen Widerstand leisteten. Sie behaupteten, die Privatisierung könne zu Störungen in der Lieferkette führen. Das war offensichtlicher Unsinn. Ein weiteres Gegenargument war die sogenannte »Mobilisierung im Kriegsfall«: Private Lkw könnten in Kriegszeiten nicht ohne Zustimmung der Eigentümer fürs Militär eingesetzt werden. Der Transportminister in Moskau hatte sogar ein geheimes Dekret erlassen, mit dem er die Privatisierung zu verhindern versuchte.

Aber mein Vater konnte sich auch hier durchsetzen und sorgte dafür, dass die Lastwagen verkauft wurden. Auf diese Weise entstanden viele kleine Transportbetriebe – und es gab plötzlich Konkurrenz, mit der Folge, dass die Preise für Transporte stark fielen. Dadurch sanken auch die Preise für Waren, was wiederum den Kunden zugutekam.

Der nächste Schritt war 1994 die Privatisierung von Grund und Boden. Das Kürzel des Programms lautete auf Russisch »Serno« – auf Deutsch »Bodenreform der Region Nischni Nowgorod«. Dieses Programm hatte hohen Symbolgehalt. In der *Iswestija*, einer der größten russischen Zeitungen, stand am 11. November 1993 auf der Titelseite in großen Buchstaben: »Erstmals in Russland wurde Land bei einer Auktion verkauft«. Weiter unten war zu lesen: Die Bauern hätten die Möglichkeit, wieder Land selbst in Besitz zu nehmen. Dafür hatte kurz zuvor Präsident Jelzin mit einem Ukas die Grundlage geschaffen. Entscheidend, so die Zeitung, sei dabei, dass »ausschließlich die lokalen Bauern an den Landauktionen teilnehmen durften und nicht irgendwelche Auswärtigen mit dicken Geldbeuteln«. Insgesamt wurden 3500 Hektar Land zum Verkauf angeboten. Den Zuschlag bekamen örtliche Genossenschaften und einzelne Landwirte. »Das wichtigste Resultat der Auktion ist, dass sie überhaupt stattgefunden hat«, schrieb die *Iswestija*. Premierminister Tschernomyrdin war so angetan von dem Modell, dass er es auf ganz Russland ausweiten wollte. Er stellte sogar einen entsprechenden Regierungserlass aus. Zu den Verfassern dieses Ukases gehörte unter anderem Alan Bigman, auch ein Mitarbeiter des IFC, der aktiv an der Bodenreform in der Region Nischni Nowgorod mitwirkte.

Mein Vater bekam damals zahlreiche Anrufe von anderen Regionalverwaltungen, die sein Know-how in Anspruch nehmen wollten und ihn baten, ihnen Fachleute zur Verfügung zu stellen. Er half, so gut es ging.

Das Besondere an der Privatisierung à la Nemzow war, dass mein Vater strikt auf einen fairen und offenen Verlauf der Auktionen achtete. Das stand im klaren Kontrast zu den damals in Russland durchgeführten »Pfandauktionen«, bei denen es de facto zu undurchsichtigen Verkäufen kam. Diese wiederum führten zur Monopolisierung und zum Oligarchentum. Mein Vater kritisierte diese Pfandauktionen scharf.

Ich bin überzeugt davon, dass wir heute ein ganz anderes Russland hätten, wenn die Privatisierung landesweit nach dem Rezept meines Vaters verlaufen wäre. Anthony Doran glaubt, dass es die russische Regierung mit der Übergabe der großen Unternehmen in private Hände zu eilig hatte.

Die Erlöse aus den Privatisierungen in der Region Nischni Nowgorod steckte mein Vater unter anderem in den Straßenbau: insbesondere um all die Ortschaften in der Region, die nur über nichtbefestigte Wege zu erreichen waren, ans Straßennetz anzubinden. Er war ständig damit beschäftigt, Investoren anzuwerben, und hatte ständig Treffen mit

Investoren, auch mit ausländischen. Schließlich wurde in Nischni Nowgorod auch eine der ersten McDonald's-Filialen eröffnet. Dabei verpflichtete mein Vater McDonald's, alle Zutaten und auch das Fleisch nur von regionalen Anbietern zu beziehen. Das war ein symbolischer Akt. Man kann viel darüber streiten, wie gesund oder ungesund das Fast Food ist – meine Großmutter ist da sehr streng in ihrem Urteil. Aber McDonald's ist ein Symbol für Amerika und für Freiheit. Damals war klar: Wenn McDonald's in ein Land oder in eine Region kommt, dann kann man dort auch investieren. Diese Botschaft war sehr wichtig, und darauf hatte es mein Vater abgesehen.

Das letzte Interview, das mein Vater dem Fernsehsender RBK gegeben hat, drehte sich übrigens auch um McDonald's – Anlass war das 25-jährige Jubiläum der ersten Filiale des Konzerns in Russland. Da sagte er ganz klar: »Ich mag kein Fast Food und finde es auch nicht gut für Kinder. Aber es ging um die Symbolik.«

Meinem Vater waren damals die Kontakte ins Ausland sehr wichtig. Seine Englischkenntnisse haben ihm dabei sehr geholfen. Sich mit Leuten zu treffen, Kontakte zu finden, Leute zusammenzubringen – da war er in seinem Element. So stellte er die Städtepartnerschaft zwischen Nischni Nowgorod und Essen auf die Beine. Das ist auch der Grund, warum mich die erste Auslandsreise meines Lebens nach Deutschland geführt hat. Damals war ich acht Jahre alt.

Alan Bigman, einer der amerikanischen Berater aus jener Zeit, sagte, Nischni Nowgorod sei damals wie ein Leuchtturm gewesen: Es bewegte sich endlich etwas in Russland. Und mein Vater ging völlig in seiner Sache auf. Alles drehte sich darum, wie er den Alltag der Menschen verbessern und den alten sowjetischen Trott bezwingen konnte. Manchmal hatte ich den Eindruck, er arbeitete rund um die Uhr.

Mein Vater rief damals viele Programme ins Leben: die Förderung von begabten Kindern, die Einführung eines »Volkstelefons«, die Versorgung von Militärangehörigen mit Wohnraum, die Wiederbelebung historischer Messen oder die Versorgung der Dörfer in der Region mit Gas – die Liste ließe sich noch länger fortsetzen. Der Flughafen von Nischni Nowgorod wurde 1993 zu einem internationalen Flughafen ausgebaut, und allein von 1991 bis 1996 – das war der Zeitraum, in dem er Gouverneur war – entstanden 2000 Kilometer neue Straßen. Beim Gesamtumfang der Investitionen kam Nischni Nowgorod 1996 russlandweit auf den dritten Platz. Mein Vater ließ dort einen Industriepark errichten, und zwar auf dem Gelände von drei Betrieben, die vorher für die Rüstung tätig waren. Insgesamt wurden unter seiner Ägide mehr als 150 orthodoxe Kirchen und Klöster wieder hergerichtet und auch einige Moscheen. Dafür bekam er damals den Orden des Heiligen Danil von Moskau aus den Händen von Alexius II., dem Oberhaupt der russisch-orthodoxen Kirche.[33]

Nischni Nowgorod galt zu jener Zeit auch als die »Region der unerschrockenen Journalisten«, weil die Medien dort unabhängig waren. Andere russische Gouverneure hatten damals eigene, linientreue Medien; heutzutage gibt es in vielen Regionen nur noch wenig unabhängige Medien. Mein Vater aber hatte keine Hauspostille. Wenn er etwas Wichtiges zu vermelden hatte, dann ließ er eine Pressekonferenz einberufen.

Und die Stadt bekam den Beinamen »Hauptstadt der Reformen«. Nischni Nowgorod ist ja eine alte Handelsstadt, die an der Schnittstelle einst wichtiger Handelsrouten an der Wolga liegt. Deswegen wollte mein Vater die Nischni Nowgoroder Messe wiederbeleben. Doch leider wurde daraus nie so richtig etwas: Damals reichten die technischen und finanziellen Mittel einfach nicht aus, um hier eine wirklich große Messe auf die Beine zu stellen. Aber wenn man heute jemanden fragt, wofür Nischni Nowgorod bekannt ist, dann ist eine der häufigsten Antworten: für die dortige Messe. Zumindest gelang es ihm, diese Messe als Marke wiederzubeleben.

Während mein Vater 1991 noch von Präsident Jelzin zum Gouverneur ernannt wurde, standen vier Jahre später, 1995, direkte Gouverneurswahlen an. Bei diesen absolut ehrlichen und offenen Wahlen siegte mein Vater im ersten Wahlgang mit knapp 59 Prozent. Die Nischni Nowgoroder bestätigten damit nicht nur ihn, sondern auch seine Politik.

Schon damals schlug auch sein rebellischer Geist durch. Er war von Anfang an ein Gegner des ersten Tschetschenienkriegs (1994–1996), den Präsident Jelzin gegen die abtrünnige Kaukasusrepublik geführt hatte. Anfang 1996 entschloss er sich zu einer Aktion, die für die damalige Zeit ungeheuerlich war: Er ließ Unterschriften sammeln gegen den Krieg und für einen Abzug der russischen Streitkräfte aus Tschetschenien. Am 29. Januar 1996 übergab er diese, wie er später erzählte: »Ich packte die Aktenordner mit den Unterschriften in einen Minibus und brachte sie nach Moskau. Den Minibus ließ ich am Wassiljewski Spusk vor dem Kreml stehen, nahm einen Ordner mit und ging in den Kreml.« Viele Tschetschenen erinnern sich bis heute daran und rechnen dies meinem Vater hoch an. Danach nahm Jelzin ihn mit nach Tschetschenien, um dort über eine Friedenslösung zu verhandeln.

Es gab damals Warnungen, dass ein Anschlag geplant sei. Viele Politiker gingen deshalb auf Nummer sicher und blieben lieber in Moskau. Mein Vater jedoch flog mit. Auf dem Rückflug trank er mit Jelzin. Bei der Ankunft in Moskau war er betrunken. Er hatte eine ganze Flasche Wodka getrunken. Noch am Flughafen forderte ihn Jelzin dann dazu auf, an einer Livesendung im Fernsehen teilzunehmen, um über die Ergebnisse der Reise zu berichten. Mein Vater war entsetzt: »Ich kann doch kaum stehen, so betrunken bin ich!« Jelzin ließ nicht locker.

Was sollte mein Vater machen? Er konnte sich schlecht der Anweisung des Präsidenten widersetzen. Also hielt er seinen Kopf unter kaltes Wasser und tat sein Bestes. Nach dem Fernsehauftritt rief ihn Jelzin an und sagte: »War nicht schlecht!« Meine Mutter hingegen war sehr besorgt: »Boris, du hast so müde ausgeschaut!« – »Ich bin nicht müde, ich bin betrunken«, antwortete mein Vater.

Im Frühjahr 1996 wollte eine Initiativgruppe meinen Vater als Präsidentschaftskandidaten registrieren lassen – aber er weigerte sich. Er wollte nicht gegen seinen Förderer Boris Jelzin antreten. Den hatte er sonst auch in den schwersten Momenten unterstützt – etwa bei seinem Konflikt mit dem Parlament im Oktober 1993, der als Putsch in die Geschichte einging. Anfang 1996 besuchte Jelzin meinen Vater in Nischni Nowgorod. Dabei riet er ihm, eine Verfassungsänderung zur Einschränkung der Vollmachten des Präsidenten zu initiieren, weil er einen Sieg der Kommunisten bei den anstehenden Präsidentschaftswahlen für möglich hielt. Leider ohne Erfolg.

Jelzin, der zwei Töchter hatte, hat meinen Vater zwar nie als seinen Sohn gesehen, wie es später oft geschrieben wurde, aber er hat ihm sehr vertraut. Er erzählte meinem Vater viel von seiner Zeit in Swerdlowsk, wo er als Parteichef ein ähnliches Amt hatte wie er. Ja, er verglich die beiden Regionen gerne. Jelzin und mein Vater hatten eine gute Beziehung.

Als mein Vater Gouverneur war, ließ es sich nicht vermeiden, dass auch ich zuweilen in den Fokus der Öffentlichkeit geriet. So gab ich einmal der Journalistin Nina Swerjewa ein Interview, da war ich kaum acht Jahre alt. Eine ihrer Fragen lautete: »Was soll der Gouverneur machen?« Weil ich meinen Vater gern öfter gesehen hätte, antwortete ich: »Der Gouverneur soll zurücktreten!« Dieser Satz wurde sofort überall in den Medien verbreitet. Ich begriff schnell, dass ich etwas Falsches gesagt hatte, und war traurig darüber. Von da an beschloss ich, nie mehr ein Interview zu geben, um nicht irgendeine Dummheit oder irgendetwas Unüberlegtes zu sagen.

Mein Vater nahm mich auch öfter mit auf Dienstreisen durch die Region. Es war unvorstellbar, was da an Alkohol getrunken wurde. An den Verwaltungsgrenzen von einem Landkreis zum anderen stand immer schon ein Auto mit den lokalen Würdenträgern bereit. Man hatte entweder einen Tisch aufgestellt oder die Motorhaube des Autos mit einem Tischtuch bedeckt und dort aufgedeckt. Mein Vater versuchte, so wenig wie möglich zu trinken. Schon sein Vorgänger hatte ihm gesagt, dass das Trinken Teil der Politik sei. Mein Vater scherzte später, dass er im ersten Jahr seiner Amtszeit um ein Haar Alkoholiker geworden wäre.

»Er war die Verkörperung einer ganzen Epoche«, erinnert sich der Reformer Grigori Jawlinski: »Er war sehr schillernd, sehr frei, sehr energiegeladen. Er war sehr jung, sehr witzig, er war in sehr guter physischer Form, und seine Besonderheit lag darin, dass er völlig frei von Hemmungen war. Sein Verhalten, seine Einstellung zu den Menschen, zu allem um ihn herum, zu allem, was geschah, war in völliger Harmonie mit der Epoche. Das war so anziehend, so interessant, dass es unmöglich war, ihn nicht kennenzulernen. Er versinnbildlichte alles, was damals geschah, er war so hell, so voll von Freiheit, von Energie, wie die ganze Epoche damals.«[34]

Unter Jelzin

Das Angebot von Boris Jelzin, Anfang 1997, kam unerwartet: ob mein Vater Lust habe, nach Moskau zu kommen und Erster Vizepremierminister zu werden. Ich erinnere mich noch, wie schwer ihm die Entscheidung fiel. Die Versuchung, einer der mächtigsten Männer Russlands zu werden unter einem Präsidenten, der ihn förderte und ihm vertraute, war groß, aber der Zeitpunkt war nicht wirklich optimal: Es war gerade einmal ein Jahr her, dass mein Vater bei den ersten freien Wahlen als Gouverneur bestätigt worden war. Darüber hinaus waren die vielen Reformen, die er in Nischni Nowgorod angestoßen hatte und die ihm so am Herzen lagen, gerade erst ins Laufen gebracht worden.

Auch Jelzins Tochter Tatjana fuhr zu meinem Vater nach Nischni Nowgorod und versuchte, ihn zu überreden: Die Lage sei so schwierig, jemand müsse die Situation retten, Moskau brauche jemanden wie ihn. Die Botschaft war eindeutig: Das Vaterland ruft. Dass er sich für Moskau entschied, lag letztlich daran, dass Jelzin selbst ihn darum gebeten hatte. Am 17. März 1997 wurde er offiziell zum Ersten Vizepremierminister ernannt.

Im Nachhinein stellt sich die Frage, warum es Jelzin so wichtig war, ihn zu holen. Hatte man ihn vielleicht schwächen wollen, weil er so erfolgreich, so bekannt und so beliebt war? Oder war wirklich seine Hilfe gefragt? Sollte er vielleicht sogar als Jelzin-Nachfolger aufgebaut werden? Was Jelzin und seine Familie damals tatsächlich bewegte, lässt sich wohl nie herausfinden. Der Reformer Grigori Jawlinski glaubt, die Jelzin-Familie habe mit seiner Personalie gegen die sinkende Popularität des Präsidenten ankämpfen wollen. War er also doch nur ausgenutzt worden?

Der Wechsel in die Hauptstadt war nicht leicht. Wir alle fühlten uns in Moskau zunächst nicht wohl, es war wie ein Umzug in ein anderes Land. Nicht umsonst sagt man, Moskau sei ein Staat im Staat. Das Leben in der Provinz ist halbwegs überschaubar, Moskau dagegen lebt nach seinen eigenen Regeln. Und die sind kompliziert. Da sind die Oligarchen, da ist die Geschäftswelt, da gibt es einen ständigen Kampf der Interessen, in dem man sich erst einmal zurechtfinden muss. Ein Haifischbecken wartete dort auf meinen Vater.

Als Erster Stellvertreter des Ministerpräsidenten war mein Vater unter anderem zuständig für Soziales, für das Wohnungswesen, für Transport, Energie, Anti-Monopol-Politik und die Förderung der Konkurrenz in der Wirtschaft. Von April bis November 1997 übernahm er zusätzlich auch noch das Energieministerium, und von Mai 1997 bis Oktober 1998 war er auch noch Mitglied im Sicherheitsrat, wo alle wichtigen Fragen der nationalen Sicherheit Russlands besprochen werden.

»Ich war jung, ehrgeizig und kompromisslos«, beschreibt mein Vater die damalige Zeit in *Beichte eines Rebellen*, »die Reformen standen für mich an oberster Stelle. Alle, die ihnen im Weg standen, mussten diesen Weg frei machen! Vor allem die Oligarchen. Für sie waren diese trüben Zeiten die ideale Möglichkeit, um sich zu bereichern. Ich erklärte, dass ich nicht in einem Land leben will, in dem ein ›Kapitalismus der Banditen‹ gesiegt hat. Der Begriff ›Kapitalismus der Banditen‹ hat inzwischen ins Lexikon Einzug gefunden.«[35]

Für den Kampf gegen die Oligarchen schlug mein Vater Jelzin einen Sieben-Punkte-Plan vor. Einer der Punkte hieß: »Nationalisierung des Kremls«. Das war eine Anspielung darauf, dass die Oligarchen damals de facto den Kreml privatisiert haben, also die Macht im Lande innehatten.

Es war nicht zuletzt den Bemühungen meines Vaters zu verdanken, dass Boris Beresowski von seinem Posten als Stellvertretender Sekretär des Sicherheitsrats entlassen wurde. Mein Vater schlug außerdem vor, die umstrittenen »Pfandauktionen« zu stoppen, bei denen große russische Unternehmen in das Eigentum eines kleinen Kreises von Oligarchen übergegangen waren, die sich im Umfeld der Mächtigen befanden. Die Preise, für die sie den Zuschlag erhalten hatten, waren niedriger als die Marktpreise. Stattdessen, so der Vorschlag meines Vaters, sollte Staatseigentum nur auf transparenten und ehrlichen Auktionen verkauft werden.

Im Sommer 1997 plante der Medienmogul Wladimir Gussinski zusammen mit Boris Beresowski, die Telekommunikationsfirma Swjasinwest zu kaufen, aber es gelang ihnen nicht, da sie bei der Auktion einen zu geringen Kaufpreis boten. Boris Beresowski wollte zudem Chef bei Gazprom werden. Dafür hatte er bereits die notwendigen Unterschriften von Ministerpräsident Tschernomyrdin und dem Präsidenten des Verwaltungsrates von Gazprom, Rem Wjachirjew. Aber auch mein Vater, der als Vizepremier verantwortlich war für den Brennstoff- und Energiebereich, hätte zustimmen müssen. Doch mein Vater weigerte sich strikt, seine

Unterschrift zu geben. Auf diese Weise machte er sich die mächtigen Oligarchen mitsamt ihren Fernsehsendern zu Erzfeinden. Am 25. März 2013 schrieb er über seine Beziehung zu Beresowski in der Zeitung *Komsomolskaja Prawda* Folgendes:»1997 haben wi r angefangen, miteinander zu streiten, und haben uns eigentlich bis zum Schluss immer gestritten.«

Sergej Dorenko, der Moderator des Fernsehprogramms *Wremja* im Ersten Kanal, den Boris Beresowski in jenem Sommer kontrollierte, überschüttete meinen Vater von da an wöchentlich mit Dreck. Dieser Hetzkampagne schloss sich auch der landesweite Kanal NTW an – er gehörte damals Gussinski –, indem er einen vernichtenden Beitrag ausstrahlte, der meinen Vater als»Schafskopf« darstellte. Der Sender machte sich zunutze, dass mein Vater einmal völlig unerwartet von Premierminister Viktor Tschernomyrdin gebeten wurde, für ihn einzuspringen und den aserbaidschanischen Präsidenten Geidar Alijew am Flughafen abzuholen. Mein Vater hatte an dem Tag frei und trug deshalb Freizeitkleidung. Er wollte Tschernomyrdin die Bitte nicht abschlagen und fuhr sofort zum Regierungsflugplatz nach Wnukowo. So kam es, dass er in weißer Sommerhose und in einer Freizeitjacke, die er sich von einem Sicherheitsbeamten geliehen hatte, Alijew vor der Ehrengarde empfing, was natürlich nicht dem Protokoll entsprach. NTW bauschte die Geschichte unglaublich auf und wiederholte sie schier unendlich.

»Weil es weder Korruption noch Machtmissbrauch gab, den sie uns nachweisen konnten, konzentrierten sie sich auf unser Ansehen. Ihre Taktik war die direkte oder indirekte Diskreditierung, ihre Aufgabe, die Regierung zu stürzen«, schrieb mein Vater später.

Jelzins Familie versuchte sogar mich zu überreden, Teil der »Familie« zu werden, damit war der Klüngel um seine Tochter Tatjana gemeint. Auch der beschwerte sich mittlerweile ständig beim Präsidenten über meinen Vater. Jelzin hatte anfangs noch dessen Kampf gegen die Oligarchen unterstützt. Als dann aber Gussinski bei der Auktion für das Telekommunikationsunternehmen Swjasinwest nicht zum Zuge kam, nahm auch die Hetze gegen meinen Vater auf NTW gewaltige Ausmaße an. Und mit der Zeit zeitigte sie Erfolge.

Im August 1997 zitierte Jelzin meinen Vater zu sich. »Können Sie Ihre Arbeit nicht lautloser machen? Ich habe es satt, Sie andauernd verteidigen zu müssen«, beklagte er sich. Mein Vater versuchte, ihn zu überzeugen, und sagte zu ihm, wie er später in *Beichte eines Rebellen* schrieb: »Das ist ein Krieg. Entweder gewinnen die oder wir. Und in diesem Krieg ist Ihre Position als Präsident entscheidend. [...] Wenn wir diesen Leuten erlauben, das Land zu regieren, dann lassen Sie uns lieber gleich die föderale Regierung auflösen und kein Geld mehr für ihren Unterhalt ausgeben. Ernennen Sie die Oligarchen zu Ministern, und sie sollen machen, was sie wollen.«[36]

Jelzin soll lange Zeit geschwiegen und dann meinen Vater mit finsterer Miene angesehen haben. Am Ende sagte er in etwa Folgendes: »Die sind ein Nichts. Ich kenne die nicht. Aber Sie – Sie sind die Regierung!«

So konnte mein Vater noch ein Jahr durchhalten, bis zur Rubelkrise 1998, die die Welt erschütterte. Sie läutete das Ende für die Regierung der »jungen Reformer« ein. Durch die permanenten Attacken gegen meinen Vater in den Medien war seine Beliebtheit, die bei seinem Umzug nach Moskau noch bei 60 Prozent gelegen hatte, rapide gesunken, ebenso wie die Beliebtheit der gesamten Regierung. Das Thema »Jelzin-Nachfolge« hatte sich für ihn damit erledigt.

Dabei war mein Vater noch nach Umfragen der Stiftung Obschtschestwennoje Mnenie (auf Deutsch: »Öffentliche Meinung«) im April 1997 mit 29 Prozent der beliebteste unter den potentiellen Kandidaten für die Nachfolge von Jelzin gewesen – vor Gennadi Sjuganow, dem Vorsitzenden der Kommunistischen Partei der Russischen Föderation, vor General Alexander Lebed und vor dem Moskauer Bürgermeister Juri Luschkow. Mein Vater wäre noch, so damals das einhellige Urteil der Meinungsforscher, ohne Probleme in den zweiten Wahlgang gekommen und hätte sich gegen die anderen Kandidaten durchsetzen können. Dazu kam es aber dann aus besagten Gründen nicht mehr.

Viele Jahre später traf mein Vater Dorenko zufällig auf einem Flughafen in New York. »Ich bin ein Killer, sie haben mir den Auftrag gegeben, dich umzulegen«, gestand er meinem Vater freimütig.

Im August 1998 rief Jelzin meinen Vater an, um ihm zu sagen, dass er keine Schuld an der Rubelkrise trage und deshalb in seinem Amt bleiben könne. Wenige Tage später entließ Jelzin die Regierung. Mein Vater blieb entsprechend der Verfassung geschäftsführend im Amt und erklärte am 24. August seinen Rücktritt, da er, wie er sagte, in einer Mannschaft gearbeitet habe und nicht bleiben könne, wenn alle anderen gingen. Ein paar Tage später nahm Jelzin den Rücktritt meines Vaters an.

Was hat mein Vater in seiner Moskauer Zeit als Erster Vizepremierminister auf den Weg gebracht und erreicht? Woran erinnert man sich in Russland noch heute? Sicherlich nicht an seinen unerbittlichen Kampf gegen die Oligarchen, denn dieser wurde von den Medien geschickt verschwiegen, dafür aber an die von ihm initiierte Vorschrift, dass russische Beamte und Politiker statt mit westlichen Autos wieder mit Wolgas fahren müssen. Was in anderen Ländern selbstverständlich ist, nämlich dass man in Autos fährt, die im eigenen Land produziert werden, empfanden die führenden Politiker damals als Zumutung und Erniedrigung.

Während seiner Moskauer Amtszeit hat mein Vater auch dafür gesorgt, dass die Überreste der Zarenfamilie nach christlichem Ritus beerdigt wurden. Leider leistete die orthodoxe Kirche damals erheblichen Widerstand und versuchte, die Beerdigung zu verhindern. Sie zog insbesondere die Echtheit der Knochen in Zweifel, weil sie sich weigerte, moderne Erbgutanalysen anzuerkennen. Mein Vater führte lange Gespräche mit dem Oberhaupt der russisch-orthodoxen Kirche, Alexius II.; unter anderem bot er ihm als Gegenleistung an, die weltbekannte Basilius-Kathedrale am Roten Platz aus Staatsbesitz wieder in den Besitz der Kirche zurückzuführen. Alexius II. reagierte darauf sehr gereizt. »Die kannst du dir an den Hut stecken«, sagte er zu meinem Vater, und das ist noch eine sehr sanfte Übersetzung ...

Alexius II. forderte nun im Gegenzug von meinem Vater, dass er seinen Einfluss auf Jelzin geltend machen und verhindern solle, dass der Papst Russland besuche. Mein Vater hat das dann auch tatsächlich getan. Aber Alexius II. ließ ihn trotzdem hängen und verweigerte der Beerdigung Gottes Segen. Jelzin zögerte deshalb lange, an der Zeremonie teilzunehmen. Und mein Vater musste alle Hebel in Bewegung setzen, damit er schließlich doch noch kam.

Eine entscheidende Rolle spielte dabei Mstislaw Rostropowitsch. Der weltbekannte Musiker war mit meinem Vater eng befreundet, und er kannte auch Jelzin gut. Auf Bitten meines Vaters rief Rostropowitsch Jelzin an und redete ihm ins Gewissen: Wenn er nicht nur als Präsident in die Geschichte eingehen wolle, unter dessen Amtszeit der Erste Tschetschenienkrieg fiel, dann müsse er unbedingt bei der Beisetzung dabei sein. Und so kam es dann auch. Durch Jelzins Anwesenheit erhielt die Beerdigung eine ganz andere Bedeutung.

In seinem Buch *Beichte eines Rebellen* zog mein Vater über seine Moskauer Zeit eine bittere Bilanz:

>»Als Putin Präsident wurde und wir noch normale Beziehungen unterhielten, sagte er zu mir: ›Wissen Sie, was Ihr Fehler war? Sie haben doch damals gegen die gekämpft, die die reale Macht in Händen hatten. Ohne selbst ausreichend Macht zu haben, kämpften Sie gegen die, von denen die Macht abhing. Sie hätten zuerst die Macht an sich nehmen sollen und dann mit den Oligarchen kämpfen.‹ Putin hatte zu hundert Prozent recht.
>
>Ich war jung, unerfahren und naiv in die Regierung gekommen [...] meine Vorstellungen von der Welt waren die eines Menschen aus der Provinz. Ich konnte nicht verstehen, warum es für einen Vizepremierminister nicht möglich war, andere Menschen – und seien es Oligarchen – daran zu erinnern, dass sie die Gesetze einhalten und die Interessen des Staates wahren müssen. Ich konnte mir nicht vorstellen, dass sich die Oligarchen widersetzen.«[37]

Die Zeit in der Regierung hatte ihn physisch erschöpft. »Mit vierzig Jahren bekam ich Atemnot, wurde immer dicker, hatte riesige Tränensäcke unter den Augen«, schrieb er später in *Beichte eines Rebellen*:

> »Die Ärzte nennen diesen Zustand Midlife-Crisis [...] Das hätte sich bei mir auch hingezogen [...] wäre da nicht Wladimir Putin gewesen. Als er im Land eine ›Demokratie‹ baute, die er mal gesteuert, mal souverän nannte, verlor meine Union der rechten Kräfte im Jahr 2003 die Parlamentswahlen, und ich hatte mit einem Mal viel Zeit. Und ich entschloss mich, sie zu nutzen, um meinen Körper wieder auf Vordermann zu bringen.«[38]

Mit Jelzin traf sich mein Vater nach dessen Rücktritt am 31. Dezember 1999 nur noch ein einziges Mal. Es gab nämlich Leute, die daran interessiert waren, dass sich die beiden nicht begegneten – und alles dafür taten. Jelzin war ja inzwischen ziemlich unbeliebt in Russland. Die Menschen verbanden seine Amtszeit mit den großen wirtschaftlichen und sozialen Problemen und mit seiner Vorliebe für Alkohol.

»Die wilden neunziger Jahre sind ein Klischee, das Putin sich ausgedacht hat, um vor dem Kontrastbild des angeblich immer betrunkenen Jelzins anständig auszusehen«, sagte mein Vater:

> »Ich bin dagegen stolz auf die neunziger Jahre, in denen ich viermal bei freien und ehrlichen Wahlen gewählt wurde, die nicht Putins Schulfreund Tschurow steuerte. [...] Ich wurde Gouverneur in einer Zeit des Hungers

und der Kälte, als es Warteschlangen für Milch und Brot gab, in einer Zeit, in der meine Frau schon um vier Uhr in der Früh anstehen musste, um für Schanna etwas zum Frühstück auf dem Tisch zu haben. Der Bankrott der Sowjetunion führte zum Zerfall des Landes. Wir mussten das Land aus der Reanimationsabteilung zurückholen. Was wir schafften. Russland blieb am Leben und begann wieder zu atmen.«[39]

Besonders verärgert war mein Vater über den von Putin verbreiteten Mythos, er, Putin, habe gegen die Oligarchen gekämpft und mein Vater sei auf deren Seite gestanden. Er sagte:

»Das ist eine unverschämte Lüge. [...] Ich habe von Anfang an gegen die Oligarchen gekämpft. Putin dagegen war ihr Freund. Er war ein enger Freund von Boris Beresowski, der ihn zum Präsidenten machte. Er besuchte seine Geburtstagsfeier, er schenkte seiner Frau Blumen, er half ihm mit dem ersten Fernsehkanal, er nannte ihn ›Wolodja‹ (die Koseform von Wladimir) und duzte ihn.

Ich dagegen habe gegen Beresowski gekämpft, habe [...] unfaire Privatisierungen verhindert. [...] [Die Oligarchen wiederum] haben uns den Krieg erklärt und diesen Krieg gewonnen. Gemeinsam mit ihrem Freundchen Putin, den sie dann zum Präsidenten gemacht haben.«[40]

Natürlich frage ich mich manchmal, wie Russlands Schicksal verlaufen wäre, wenn sich mein Vater damals nicht so weit aus dem Fenster gelehnt hätte und Präsident geworden wäre. Ich bin überzeugt davon, dass es für das Land besser gewesen wäre. Vielleicht wäre Russland unter ihm ein freies, friedliches, demokratisches und blühendes Land geworden.

Meine Mutter hat mir neulich erzählt, dass Jelzin meinem Vater ein Bild geschenkt hat mit der Aufschrift »Für meinen Nachfolger«. Damals hat er ihr das Bild gegeben und sie darum gebeten, es auf keinen Fall jemandem zu zeigen. Leider wissen wir nicht, wo sich dieses Foto heute befindet. In der letzten Wohnung meines Vaters gab es übrigens ein Foto von Jelzin, das gut sichtbar postiert war. Er nannte ihn zärtlich »Opa«. Mein Vater selbst hatte immer Angst vor dem Alter.

In Ungnade

Nach seinem Ausscheiden aus der Regierung brach mein Vater in die USA auf, um als Gastprofessor anderthalb Monate lang Vorträge zu halten – unter anderem an der Columbia University und am Davis Center for Russian and Eurasian Studies an der Harvard University; meine Mutter und ich begleiteten ihn. In dieser Zeit wohnten wir in Boston in einem ziemlich bescheidenen Wohnheim. Besonders unangenehm war, dass kurz zuvor dort Kammerjäger gewütet hatten und alles noch nach Ungezieferbekämpfungsmittel roch. Meine Mutter beschwerte sich massiv, und so wurden wir schließlich bei einem Harvard-Professor einquartiert, der uns eingeladen hatte, bei ihm zu wohnen.

Der Aufenthalt in den USA gehört zu der schönsten Zeit in meinem Leben. Ich ging auf eine amerikanische Schule, allerdings war es schwer für mich, dem Unterricht zu folgen. Anschließend spazierte ich mit meiner Mutter durch Boston. Die Stadt hat mir sehr gut gefallen. Immer wieder besuchten wir auch die Lesungen meines Vaters.

Nach der Rückkehr aus den USA machte sich mein Vater daran, in Russland eine liberale politische Bewegung ins Leben zu rufen. Im Januar 1999, also fünf Monate nach seiner Entlassung, gründete er die Bewegung Junges Russland. Sieben Monate später wiederum – und rechtzeitig vor den im Dezember 1999 stattfindenden Duma-Wahlen – schloss er sich mit dem früheren Premierminister Sergej Kirijenko, einem seiner Protegés aus Nischni Nowgorod, und mit Irina Chakamada zur Koalition Die rechte Sache zusammen. Aus dieser wurde später die Union rechter Kräfte. Aus ihr wiederum entstand nach dem Sieg bei den Duma-Wahlen 1999 eine liberaldemokratische Partei.

Ich kann mich noch gut an den Gründungsparteitag erinnern, der fast 24 Stunden dauerte. Damals habe ich zum ersten Mal begriffen, wie kompliziert Parteipolitik ist. Was mich verwundert hat, war, dass bereits um Posten gestritten wurde, obwohl die Wahl noch gar nicht gewonnen war. Wie heißt es so schön in einem alten russischen Sprichwort: Die Leute teilen das Fell des Bären untereinander auf, noch bevor sie ihn erlegt haben.

Nachdem Boris Jelzin im August 1999 Wladimir Putin, der damals Geheimdienstchef war und in der breiten Bevölkerung nicht besonders bekannt, zum neuen Premierminister ernannt und wenig später verkündet hatte, dass dieser sein Nachfolger werden solle, war mein Vater ziemlich überrascht. Im Sinne seiner Partei sagte er: »Für die rechten Kräfte ist Putin eine durchaus akzeptable Figur. Er ist tatkräftig, erfahren und klug.« Tatsächlich verstand es Putin damals meisterhaft, seine wahren Absichten zu verschleiern.

Mein Vater kannte Putin bereits persönlich. 1998, als dieser noch Leiter des KGB-Nachfolgers FSB war, suchte er meinen Vater auf, weil er den Geheimdienst in ein föderales Wohnungsbauprogramm für Militärs mit einbezogen haben wollte. Mein Vater erfüllte ihm diesen Wunsch.

1988, als die Bergarbeiter landesweit streikten und viele Straßen blockierten – unter anderem auch die Transsibirische Magistrale, die einzige Verbindung zwischen dem weit entfernten Osten und dem Rest des Landes –, rief mein Vater eine außerordentliche Sitzung ein. Durch diese Blockaden war die territoriale Integrität des Staates in Gefahr. Auf der Sitzung nun sollten sofortige Maßnahmen beschlossen werden, um die Magistrale wieder für den Verkehr freizubekommen. Putin konnte an dieser Sitzung nicht teilnehmen. Mein Vater schrieb darüber in *Beichte eines Rebellen*:

>»Als Vizepremier war ich Leiter einer Sonderkommission, die eine Lösung für die Situation finden sollte. Ich habe eine Sondersitzung einberufen und alle Vertreter der Sicherheitsorgane eingeladen. Alle kamen, außer Wladimir Putin, dem Direktor des FSB. Der rief an und sagte, er könne nicht kommen, weil sein Hund erkrankt sei. Ich war geschockt und konnte mich lange nicht beruhigen. Das Verhalten des FSB-Chefs war sehr ungeschickt, nicht weise und auch nicht staatsmännisch. Deshalb glaubte ich nicht an das, was er sagte. Ich kann mich nicht erinnern, mit welchen Worten ich damals Putin antwortete, aber sie waren wohl nicht höflich. Ich bin überzeugt, dass Putin das nicht vergessen hat.«[41]

Mein Vater hat damals Putins Verhalten missbilligt. Als der Duma-Wahlkampf immer näher rückte, schlug er deshalb vor, dass sich die Union rechter Kräfte von Putin distanziert. Im Politischen Rat, dem obersten Gremium des Wahlblocks, wurde er aber überstimmt: Von den fünf Mitgliedern wollten drei, dass die Union rechter Kräfte mit einem klaren Bekenntnis zum Jelzin-Nachfolger in den Wahlkampf zieht.

Mein Vater war Demokrat genug, um diese Linie dann auch nach außen hin zu vertreten, obwohl er sie für falsch hielt. Der Wahlkampf war für russische Verhältnisse ziemlich originell. Der Slogan war ein Wortspiel – zwei russische Worte, die zwei verschiedene Bedeutungen haben können: »Du hast recht« oder »Du bist rechts« (wobei sich das Wort »rechts« im Namen der Partei auf Rechtsstaatlichkeit bezieht). Die gleiche Doppeldeutigkeit steckte hinter dem Parteinamen, der sowohl »gerechte Sache« als auch »rechte Sache« bedeuten kann. Unter diesem Slogan gab es in allen großen Städten Konzerte in vollbesetzten Stadien – was heute völlig undenkbar wäre. Vor den Konzerten, bei denen bekannte Musikgrößen auftraten, fand ein Fußballspiel statt, bei dem eine Politiker-Mannschaft gegen die Mannschaft der Künstler spielte, und Gespräche mit Journalisten.

Auf zwei Wahlkampfreisen habe ich meinen Vater damals begleitet, nach Irkutsk in Sibirien und auch noch nach Nischni Nowgorod. Ich war damals fünfzehn Jahre alt.

Die Union rechter Kräfte kam auf 8,5 Prozent und erhielt damit 32 der 450 Duma-Mandate. Putin gratulierte und kam extra im Restaurant Tri Peskarja vorbei, wo wir den Wahlerfolg feierten.

Manche Menschen glauben, dass sich Putin in der Zeit zwischen 1999 und heute sehr verändert hat. Die ersten ernsten Zweifel kamen meinem Vater, als sich im August 2000 ein fürchterliches Unglück auf der Barentssee zutrug, 180 Kilometer nordöstlich von Murmansk. Das Atom-U-Boot Kursk, eines der modernsten und teuersten U-Boote der russischen Flotte, mit 112 Mann Besatzung an Bord geriet in Seenot und sank in 108 Meter Tiefe. Tagelang lag das Schicksal der Besatzung im Ungewissen. Der russischen

Marine fehlte ein geeignetes Rettungs-U-Boot, ausländische Hilfe aber wurde abgelehnt. Während ganz Russland den Atem anhielt, machte Präsident Putin Urlaub in Sotschi am Schwarzen Meer; Bilder zeigen ihn in Ferienstimmung. Im Fernsehen, das damals noch nicht völlig kontrolliert und zensiert war, wurde er deshalb mit Recht heftig kritisiert.

Auch unsere Familie verbrachte zu jener Zeit die Ferien in Sotschi; ich erinnere mich noch genau, dass bei uns der Fernseher die ganze Zeit lief und mein Vater sich furchtbar aufregte. »Wo ist Putin? Warum kümmert er sich nicht?«, fragte er wieder und wieder.

Anstatt sich die Kritik zu Herzen zu nehmen, begann Putin nun seinerseits die Medien anzugreifen. Und in der US-Talkshow von Larry King antwortete er auf die Frage, was mit der Kursk passiert sei, mit einem Lächeln und den Worten »Sie ist untergegangen«.[42] Putin ist ein Mensch ohne Moral, andere Leute spielen für ihn keine Rolle.

Das wurde auch deutlich, als im Oktober 2002 Terroristen in Moskau eine Vorführung des Musicals *Nord-Ost* an der Dubrowka stürmten und dort Geiseln nahmen. Putin war dagegen, dass mein Vater an den Verhandlungen mit den Terroristen teilnahm. Mein Vater hingegen war davon überzeugt, dass diese Verhandlungen notwendig seien, um die Geiseln zu retten. In einem Interview mit der Zeitung *Nowaja Gaseta* erinnerte er sich später:

»Es gab einen Anruf von Putin. Danach sagte Pronitschew zu mir: ›Sie und Luschkow (der Bürgermeister von Moskau) sollten nicht hingehen. Ich habe das schon Luschkow gesagt, und jetzt sage ich es Ihnen.‹ Ich habe ihn darum gebeten, mir die Gründe zu erläutern. Pronitschew sagte mir: ›Gehen Sie in den Kreml, und klären Sie das dort ab.‹ Ich ging zu Woloschin, dem Leiter der Präsidialverwaltung, und bat ihn zu erklären, was das zu bedeuten habe. Woloschin antwortete mir: ›Putin gefällt es nicht, dass Ihre Beliebtheitswerte in den Umfragen wachsen.‹«[43]

Schließlich wurde die Entscheidung getroffen, Betäubungsgas ins Theater einzuleiten und das Gebäude zu stürmen. Dabei kamen mindestens 129 Menschen ums Leben. Sie starben auch deshalb, weil sie nicht die notwendige medizinische Hilfe bekamen: Obwohl sie ohnmächtig waren, hatte man sie einfach wie Schweinehälften auf den Asphalt gelegt; hätte man sie in stabile Seitenlage gebracht, hätten viele überleben können.

Diese Gleichgültigkeit den Opfern gegenüber kam erneut zum Vorschein, als in Beslan im Jahr 2004 Terroristen 1127 Schüler, Lehrer und Eltern als Geiseln nahmen. Auch hier entschloss sich die Regierung, das Gebäude zu stürmen. Dabei kamen 333 Menschen ums Leben, darunter 186 Kinder. Das Sondereinsatzkommando schoss aus Granatwerfern auf die Schule, in der sich die Geiseln befanden. Später nutzte Putin diese Tragödie, um demokratische Rechte einzuschränken und die Direktwahlen der Gouverneure abzuschaffen.

Mein Vater war auch geschockt, als Putin im Jahr 2000 die neue russische Hymne des Komponisten Glinka wieder durch die alte Hymne des sowjetischen Komponisten Alexander Alexandrow ersetzte. Den neuen Text ließ Putin von demselben Mann schreiben, der ihn schon für Stalin und dann auch Breschnew geschrieben hat: Sergei Michalkow. Er ist einer von denen, die in jedem System oben mitschwimmen. Mein Vater machte auch Putin gegenüber kein Hehl aus seiner Unzufriedenheit über die Wiedereinführung der alten Hymne. Putin antwortete ihm:»Wie das Volk, so seine Lieder.«

Ein paarmal hat sich mein Vater mit Putin abseits des Protokolls getroffen, so am Rande eines offiziellen Besuchs Putins in der Alpenrepublik Österreich. Spontan entschlossen sich die beiden abends, zusammen mit dem Oligarchen Potanin noch einen Skiausflug auf einer beleuchteten und recht steilen Piste zu machen. Die russischen Sicherheitsleute waren völlig überfordert. Sie fielen ständig hin und kamen nicht hinterher, so dass sie irgendwann aufgaben. Die österreichischen Personenschützer hingegen konnten mit den drei Herren mithalten. Dann auf einmal stürzte Putin, und zwar heftig: Er rutschte rund hundert Meter die steile Piste hinunter; als er zum Liegen kam, zeigten seine Arme in unterschiedliche Richtungen. Alle waren wie in Schockstarre, wie sich mein Vater erinnerte. Mein Vater fuhr schließlich zusammen mit Potanin zu der Stelle, wo Putin lag, und fragte ihn, ob er ans Vaterland gedacht habe in dem Moment, in dem er gestürzt sei. Potanin zuckte zusammen und sagte: Er habe gar nichts gesehen, und den Mann da – er zeigte dabei auf meinen Vater –, den kenne er nicht.

Putin übte, wie gesagt, in seiner ersten Amtszeit schon enormen Druck auf die Medien aus und entfernte sich auch da schon immer weiter von demokratischen Grundsätzen. Gleichzeitig aber war die Macht der Liberalen in seinem Umfeld noch größer, denn alte Jelzin-Leute wie Premierminister Michail Kassjanow und Präsidialamtschef Alexander Woloschin hatten immer noch Schlüsselpositionen inne. Auch in der Wirtschaftspolitik fuhr Putin noch einen Reformkurs, etwa mit der Einführung einer »flachen Einkommenssteuer« für Privatpersonen von 13 Prozent. Es war die Zeit, in der mein Vater schon viel zu kritisieren hatte, aber immer noch hoffte, dass sich die Dinge zum Besseren wenden würden und er selbst innerhalb des Systems darauf hinwirken könne.

Dass Putin in seiner ersten Amtszeit so viele Chancen vergeben hatte, enttäuschte ihn. Die 2000er Jahre boten Russland ausgesprochen gute Bedingungen; der Ölpreis spülte Unsummen in die Staatskasse, es gab keinen Krieg, keine Bedrohungen, es gab eine funktionierende Marktwirtschaft, der Kollaps der Sowjetunion war überwunden. Es wäre die ideale Zeit gewesen, um in Russland ein Renten- und ein neues Bildungssystem aufzubauen. Und es wäre damals durchaus möglich gewesen, den russischen Lebensstandard zumindest an den der anderen osteuropäischen Länder anzunähern.

Und was machte Putin? Er hat sich nicht genügend um die Entwicklung des Landes gekümmert. Fakt ist dagegen, dass seine Partner aus der Datschen-Kooperative Osero in den Jahren seiner Regierungszeit deutlich reicher wurden.

Im Vorfeld der nächsten Duma-Wahlen, die im Dezember 2003 stattfanden, wurde dafür gesorgt, dass Anatoli Tschubais, ein Freund Putins, in die Führungstroika der Union der rechten Kräfte kam. Er galt als unpopulärer Politiker. In den 1990er Jahren war er für die Privatisierung zuständig und leitete dann unter Putin den Energiekonzern RAO UES Rossija. Dieses Unternehmen reformierte er, und auch diese Reform löste wie alle Reformen von Tschubais viel Kritik aus. Später wurde er Chef des Staatskonzerns Rosnano, der den Hochtechnologiesektor in der russischen Wirtschaft fördern soll. In der Praxis ist Rosnano aber nach Ansicht einiger Experten nicht erfolgreich.

Aber es blieb nicht nur bei der Berufung von Tschubais in die Führungstroika. In Wahlkampfspots war zu sehen, wie mein Vater, Tschubais und Chakamada in einem Privatflugzeug durchs Land flogen – in einem armen Land wie Russland löst das negative Gefühle aus. Das war keine gute Idee.

Ich glaube nicht an Verschwörungstheorien, aber ich bin fest davon überzeugt, dass mit dem Antihelden Tschubais als Aushängeschild der Absturz der Partei vorprogrammiert war. Der Satz »Tschubais ist an allem schuld«, ein Zitat von Jelzin, ist in Russland zu einem geflügelten Wort geworden. Auch in diesem konkreten Fall traf es zu. Die Union der rechten Kräfte scheiterte knapp an der Fünfprozenthürde – und mein Vater fand sich in der außerparlamentarischen Opposition wieder.

Die Niederlage war selbstverschuldet. 1999 hatte mein Vater den Wahlkampf noch selbst organisiert, alles war improvisiert, aber sehr gut organisiert, weil mein Vater ein Meister darin war. Der vergeigte Wahlkampf von 2003 hingegen war generalstabsmäßig geplant, Tschubais hatte das Sagen, alle in der Parteispitze waren angetan von seiner natürlichen Autorität. Aber in Wirklichkeit war »Kaiser« Tschubais nackt: mit seinen hochbezahlten ausländischen Beratern, die von Russland keine Ahnung hatten.

Statt auf seinen Instinkt verließ sich mein Vater auf diesen Quatsch, er war nicht mehr er selbst, und sein wichtigstes Kapital kam nicht mehr zum Tragen: sein Charisma.

Die Niederlage, das Ausscheiden aus der Duma – für meinen Vater war das ein schwerer Schlag. Es traf ihn völlig unerwartet. Unverzüglich entschied er sich, den Parteivorsitz niederzulegen und ins Geschäftsleben zu wechseln. Er wurde Vorsitzender des Verwaltungsrates des Konzerns Neftjanoi, zu dem unter anderem eine Bank gehörte. Der Konzerngründer Igor Linschiz war ein alter Bekannter von ihm.

Doch bald schon merkte mein Vater, dass die Geschäftswelt nichts für ihn war. Er war ja schon über vierzig Jahre alt, und in diesem Alter ist es schwierig, noch einmal völlig von vorne anzufangen. Er wollte nicht von der Politik lassen, vor allem weil er erkannte, wohin Putin Russland führt. Und so kehrte er nach einem Jahr dem Konzern den Rücken und ging wieder zurück in die Politik, in die außerparlamentarische Opposition.

2007 schrieb er sein Buch *Beichte eines Rebellen*. Die Union rechter Kräfte kandidierte im gleichen Jahr erneut bei den Duma-Wahlen. Da war allerdings bereits im Wahlkampf klar, dass Putin der echten Opposition keine Chance lassen würde – nur der Pseudo-Opposition. So war denn auch das Scheitern an der Fünfprozenthürde keine Überraschung mehr für ihn.

Nach der Wahl gaben mein Vater, Ex-Ministerpräsident Michail Kassjanow und der Bürgerrechtler Wladimir Bukowski eine gemeinsame Erklärung heraus, in der sie die Wahlen als Farce verurteilten. Der Kreml verhinderte auch, dass ein Kandidat der Opposition bei den Präsidentschaftswahlen 2008 antreten konnte. Im selben Jahr war mein Vater einer der Gründer der Oppositionsbewegung Solidarnost.

Ein Jahr später dann kandidierte er für das Amt des Bürgermeisters in seiner Geburtsstadt Sotschi. Auf die Idee dazu kam er durch einen Brief: Einige Bürger der Stadt hatten sich an ihn gewandt, weil sie sich einen Kämpfer gegen die Korruption und den Machtmissbrauch im Rathaus wünschten. Die gesamte Stadtverwaltung von Sotschi, aber auch die Präsidialverwaltung unterstützte den Wahlkampf des amtierenden Bürgermeisters Anatoli Pachomow. Die Präsidialverwaltung tat das nicht nur, weil Pachomow Mitglied der Putin-Partei war, sondern auch weil der Kreml die Milliarden überwachen wollte, die für die Olympiade 2014 nach Sotschi flossen. Und so wurde schon im Vorfeld der Wahl betrogen und gefälscht, dass sich die Balken bogen.

Laut amtlichem Ergebnis erhielt der Kremlmann Pachomow knapp 77 Prozent der Stimmen, mein Vater knapp 14 Prozent. Das Ergebnis einer unabhängigen Wahltagsbefragung wich erheblich davon ab: Danach hatte Pachomow nur 45 Prozent der Stimmen erreicht und mein Vater 35 Prozent – damit aber hätte er es in eine Stichwahl geschafft.

Wesentlichen Anteil am Erfolg des Kremlkandidaten hatten wie so oft die Abstimmungen in einzelnen Stimmbezirken, die einige Tage vor der eigentlichen Wahl stattfanden, und zwar vor allem in großen Staatsbetrieben und Unternehmen, die von den Behörden kontrolliert werden. Bei diesen »Vorab-Wählern« kam der Kremlmann auf 95 bis 100 Prozent der Stimmen. Daneben gab es noch andere Manipulationen.

Am 7. August 2010 bestieg mein Vater den Elbrus, den höchsten Berg des Kaukasus, und hisste auf dem Gipfel die Fahne der Oppositionsbewegung Solidarnost. Anschließend sagte er, dass dieser Aufstieg unglaublich schwer gewesen sei und er jeden Moment hätte abstürzen können. Diese Geschichte ist beispielhaft für meinen Vater: Er hat nie aufgegeben, egal wie schwierig oder wie aussichtslos die Herausforderung auch schien.

Mein Vater stand während der gesamten Zeit, in der er in der Opposition agierte, unter großem Druck. Dennoch gab es nie Ermittlungen gegen ihn wegen Wirtschaftskriminalität oder Vorwürfe in dieser Richtung. Aber das hat den Präsidenten nicht ausgebremst: Auf die Frage, was Oppositionelle wie mein Vater und seine Mitstreiter Wladimir Ryschkow und Wladimir Milow wollten, hat Putin im Dezember 2010 in einer seiner berüchtigten *Bürgersprechstunden* vor laufenden Kameras geantwortet: »Geld und Macht, was sollten sie sonst wollen? In ihrer Zeit haben sie es wild getrieben, in den 1990er Jahren, haben zusammen mit Beresowski und denen, die heute im Knast sitzen, Milliarden geklaut. Dann wurden sie von den Futtertrögen entfernt, dann wurden sie nervös, sie wollen zurück und ihre Taschen wieder vollstopfen. Aber ich denke, wir werden ihnen das nicht erlauben, sie werden sich mit ein paar Milliarden nicht begnügen, sie werden ganz Russland verkaufen.«

Mein Vater klagte im Januar 2011 gegen diese Vorwürfe. Schon einen Monat später wurde die Klage zurückgewiesen; unter anderem unter Berufung auf Quellen wie Wikipedia. Außerdem, so die Richterin, die die Abweisung der Klage begründet hatte, habe Putin nicht die genannten Oppositionäre persönlich gemeint, sondern es habe sich um eine rein verallgemeinernde Aussage gehandelt. Die Namen Nemzow, Ryschkow und Milow wurden, so wörtlich, »nicht als Eigennamen gebraucht, sondern in der nominalen Bedeutung dieser Namen für die Bezeichnung einer bestimmten Klasse von Politikern«.[44] Auf so einen Irrsinn muss man erst einmal kommen! Diese Begründung des Gerichts zeigt, welchen geistigen Unsinn dieses System denjenigen abverlangt, die es schützen müssen. Nebenbei bemerkt: Monate später musste diese Richterin ihr Amt niederlegen, weil sie an der Ermordung ihres Mannes beteiligt gewesen sein soll. Die Umstände des Mordes konnten allerdings nicht aufgeklärt werden.

Dass Putin meinen Vater öffentlich als Dieb verunglimpft, haben seine Untergebenen offensichtlich als Wink aufgefasst. Nur wenige Wochen nach der beschriebenen Bürgersprechstunde, nämlich am Silvesterabend 2010, ging mein Vater zu einer der traditionellen Demonstrationen, die an jedem 31. Tag eines Monats stattfinden, zur Erinnerung an den 31. Artikel der russischen Verfassung, der Versammlungsfreiheit garantiert und mit Füßen getreten wird.

An jenem Abend begleitete ich ihn gemeinsam mit einer Freundin. Mir war etwas mulmig zumute, weil ich weiß, dass die Polizei bei solchen Demonstrationen alles andere als zimperlich ist. Plötzlich schlugen sich Polizisten von der berüchtigten Sondereinheit OMON ihren Weg zu uns frei. Mein Vater konnte mir und meiner Freundin gerade noch zurufen, dass wir wegrennen sollten, da nahmen ihn diese Beamten mit ihren furchterregenden Helmen und Kampfanzügen schon in ihre Mitte und führten ihn ab. Statt zu Hause Neujahr zu feiern, verbrachte er den Jahreswechsel in Polizeigewahrsam, in einer Betonzelle ohne Fenster und ohne Liege.[45]

Am 2. Januar 2012 wurde er vor Gericht gestellt. Die Richterin verweigerte ihm einen Stuhl, so dass er stundenlang stehen musste. Unter anderem wurde ihm Widerstand gegen die Polizei vorgeworfen. Dabei gab es Videoaufzeichnungen der Festnahme, die ganz klar zeigten, dass sich mein Vater widerstandslos hatte abführen lassen. Aber die Richterin weigerte sich, die Videos als Beweismittel zuzulassen.

Die Richterin verurteilte meinen Vater zu fünfzehn Tagen Arrest – ein Urteil, das der Europäische Gerichtshof für Menschenrechte später als widerrechtlich einstufte, und zwar dank der Arbeit von Olga Michajlowa, einer Anwältin und Spezialistin für Klagen vor dem Europäischen Gerichtshof für Menschenrechte. Meinem Vater wurden 28 500 Euro Schadenersatz zugesprochen. Die hat er vom russischen Staat natürlich nie bekommen.

Mein Vater wurde damals in ein Gefängnis gesteckt, in dem Menschen für sogenannte »administrative Vergehen« einsaßen; die meisten waren also keine eigentlichen Kriminellen, sondern Bürger, die irgendwelche kleineren Vergehen begangen hatten, im Wesentlichen im Straßenverkehr. Mein Vater wurde schnell zum »Zellenältesten« gewählt und sorgte sogar dafür, dass alle Insassen regelmäßig Gymnastik machten. Auch die Wärter, mit denen er sich angefreundet hatte, steckten ihm wieder Lebensmittel zu und ließen ihn ab und zu mit ihren Handys telefonieren, damit er Journalisten Interviews geben konnte.

Im Dezember 2011 schien es für einen Augenblick so, als würde das Regime ins Wanken geraten. Die Fälschungen bei den Duma-Wahlen hatten ein Ausmaß erreicht, das selbst für Putin'sche Verhältnisse ungeheuerlich war. Hinzu kam, dass dank moderner Technologien wie Smartphones und sozialer Netzwerke die Beweise für die unglaublichen Betrügereien binnen kürzester Zeit weltweit verbreitet wurden. Die Empörung im Land nahm ein Ausmaß an, das sich Putin und seine Kameraden nicht vorstellen konnten. In Moskau gingen Zehntausende Menschen auf die Straße, später sogar hunderttausend, um gegen die Wahlbetrüger im Kreml zu demonstrieren und ehrliche Neuwahlen zu fordern. Es sah mit einem Mal so aus, als wären in Russland grundlegende Veränderungen möglich. Viele Beobachter im Westen dachten schon an eine »orange« Revolution in Moskau nach dem Vorbild der Ukraine.

Mein Vater war einer der Anführer des Protests – aber er machte sich keine Illusionen. Er war sich bewusst, dass der Kampf gegen das Regime einen langen Atem benötigte: »Einen Zusammenbruch des Systems wird es jetzt nicht geben«, sagte er damals zu seinem Mitstreiter Wladimir Kara-Mursa, wie der sich erinnert, »die Basis des Systems ist zu stark. Es wird ein langer Kampf, und es kann sein, dass ich selbst sein Ende nicht erleben werde.« Aber er lebte nach dem alten Dissidentenprinzip: Du musst tun, was zu tun ist, und es wird kommen, was kommen wird.

Tatsächlich kamen Putin damals die Jahreszeit – der eisige Winter – und die russischen Neujahrsferien zugute, die er selbst einmal eingeführt hatte. Zu Jahresbeginn versinkt Russland in einen fast zweiwöchigen Winterschlaf. Es gibt kein politisches Leben in dieser Zeit, und wer es sich leisten kann, verbringt diese Ferien im Ausland.

So haben das damals auch die meisten Anführer der Opposition getan. Als sie Mitte Januar zurückkehrten, war der Elan des Protestes verpufft. Bei den Präsidentschaftswahlen drei Monate später stellte sich der Kreml bereits wesentlich geschickter an, die Fälschungen wurden besser getarnt, und das Ausmaß des Protestes war überschaubar.

Fast konnte man den Eindruck bekommen, dass Putin damals in Panik geraten sei. Seine Beliebtheitsrate fiel beständig. Aus heutiger Sicht spricht alles dafür, dass dies für ihn der Auslöser war, die Daumenschrauben anzuziehen und sich auch außenpolitisch in Abenteuer zu stürzen. Schon im Mai wurden bei der bereits erwähnten Demonstration auf dem Bolotnaja-Platz Ausschreitungen provoziert. »Bolotnaja« heißt auf Deutsch »Sumpf«, und die Stadtverwaltung hatte diese Symbolik im Sinn, als sie der Opposition wieder einmal ausgerechnet diesen Platz für ihre Demonstration zuwies. Es kam zu mehreren Festnahmen und dann zu Gerichtsverfahren, die sich lange hinzogen. Schließlich wurden die Demonstranten zu langjährigen Haftstrafen verurteilt. Das war ein Novum, ein neues Maß der Gewalt gegen die Opposition. Auch gegen meinen Vater wurde ein Verfahren eröffnet. Und die Situation spitzte sich zu. Doch alles der Reihe nach.

2012 veröffentlichte mein Vater eine Broschüre mit dem Titel *Das Leben eines Galeerensklaven*.[46] Das war eine Anspielung auf ein Putin-Zitat. Putin hatte behauptet, er habe acht Jahre lang »malocht wie ein Galeerensklave«. In dem Heft führte mein Vater aus, über welchen Besitz Putin verfügt: zwanzig Residenzen, Luxusuhren für bis zu 500 000 Dollar, Autos, Jachten, ein Luxusflugzeug, in dem ein einziges Klo 75 000 Dollar gekostet hat. Diesem Luxus stellte er die rapid sinkenden Ausgaben für das Bildungs- und das Gesundheitswesen gegenüber:

»In einem Land, in dem 20 Millionen Menschen kaum das Nötigste haben, ist es eine unverschämte und zynische Herausforderung an die Gesellschaft, wenn der Präsident ein abgehobenes Luxusleben führt. Der Haushalt der Liegenschaftsverwaltung des Präsidenten in Höhe von 84,6 Milliarden Rubel (Stand 2011) wird in erster Linie dafür ausgegeben, um dem Präsidenten ein schönes Leben sicherzustellen. Diese Summe ist vergleichbar mit dem Haushalt von einer so großen Region wie Nischni Nowgorod, in der 3,3 Millionen Menschen leben.«[47]

Beachtenswert ist an dieser Stelle, so finde ich, im Kontrast dazu das Verhalten von Angela Merkel: Auch nach so vielen Jahren Kanzlerschaft ist sie meist mit ein und demselben einfachen Halsschmuck zu sehen. Bei uns in Russland, das ist mittlerweile Allgemeinwissen, demonstrierten die Beamten und ihre Familien oft einen Lebensstil, der ihrem Gehaltsniveau nicht entspricht.[48]

Es begann nun die Zeit, in der viele meinen Vater wie einen Aussätzigen behandelten – auch Leute, mit denen er kurz zuvor noch konstruktiv zusammengearbeitet hatte, wie zum Beispiel mit Wladimir Mau. Der hat sich lange Zeit als Liberaler ausgegeben und liegt mittlerweile ganz auf der Linie der Regierung, denn nur so konnte er Rektor der Akademie für Volkswirtschaft und Staatsdienst in Moskau bleiben.

Anlässlich des Todestags von Margaret Thatcher, der früheren britischen Premierministerin, hatte ich Mau und meinen Vater, der mit ihr befreundet war, in meine Sendung eingeladen. Mau hatte sich auf dem Weg ins Studio, das im Süden von Moskau liegt, verspätet, mein Vater sollte aus einem Studio im Stadtzentrum zugeschaltet werden. Über die

Verspätung von Mau musste ich mich so aufregen, dass ich kurzerhand die Sendung absagen wollte. Doch mein Vater meinte – und er verheimlichte dabei seine Freude nicht: »Bist du eine Idiotin? Wir beide können wunderbar zu zweit miteinander sprechen. Los, ab ins Studio!«

Als wir bereits sieben Minuten von dem insgesamt zwanzigminütigen Live-Interview bestritten hatten, tauchte Mau im Studio auf. Aufs Ganze gesehen habe ich in dieser Sendung natürlich mehr mit meinem Vater gesprochen – er war schließlich ja auch rechtzeitig da, außerdem hatte er Thatcher oft getroffen und konnte viel Interessantes über sie erzählen. Dennoch bin ich davon überzeugt, dass ich auch Mau, der ein durchaus eindrucksvoller Gesprächspartner ist, genügend Zeit zur Verfügung gestellt habe, um seinen Standpunkt darzulegen.

Nach der Sendung beklagte sich Mau bei mir: »Nicht, dass ich etwas gegen Boris hätte, aber weshalb haben Sie ihn für die Sendung eingeladen?« Mau war wohl besorgt darüber, dass die Tatsache, dass er gemeinsam mit Boris Nemzow in einer Sendung aufgetreten ist, Schwierigkeiten nach sich ziehen könnte. Er hatte vorab nicht gewusst, wer mit ihm vor der Kamera stehen würde. Nun reagierte er darauf, als hätte man ihn mit einer ansteckenden Krankheit in Kontakt gebracht. Seinen Unmut darüber ließ er nicht etwa gegenüber den Producern oder der Redaktion aus, sondern er sagte ihn direkt mir, der Tochter von Boris Nemzow, ins Gesicht. Mir war das damals unglaublich unangenehm, was ich mir aber vor ihm nicht anmerken ließ. Anschließend rief ich meinen Vater an und erzählte ihm alles.

Mau muss damals von der Anwesenheit meines Vaters so überrascht gewesen sein, dass er mir ehrlich seine Meinung über ihn sagte. Aber wie viele Leute haben das nicht gemacht oder nur hinter meinem Rücken über ihn getuschelt! Ihnen allen war anzumerken, dass sie der Auffassung waren, mein Vater hätte seinen Zenit schon überschritten! Und die Tatsache, dass ich die Tochter des Oppositionellen Nemzow war, war in meinem Leben wohl das einzige Karrierehindernis.

Wie gesagt, viele warfen meinem Vater mit einem Mal vor, er sei radikal, er würde mit seiner Kritik an Putin und seinen Leuten übertreiben, man müsse doch konstruktiv sein, dürfe doch die Regierung nicht so frontal attackieren. Diese Kritik an ihm empfand ich als massive Beleidigung. Ich war unter keinen Umständen bereit, mich von meinem Vater loszusagen.

Die Hetze gegen ihn ging so weit, dass der Kreml ihn nicht auf die Beerdigung von Viktor Tschernomyrdin ließ, weil dort Putin und Medwedew waren. Tschernomyrdin war als ehemaliger Ministerpräsident lange der Chef meines Vaters gewesen, und die beiden hatten einen guten Draht zueinander. Zur Verabschiedung von Boris Jelzin, der meinen Vater doch sehr gefördert hatte, konnte er erst spätnachts gehen: Jelzin war nach seinem Tod im April 2007 in der Christus-Erlöser-Kathedrale unweit vom Kreml aufgebahrt worden. Darüber hinaus stand mein Vater auf den schwarzen Listen aller großen Fernsehkanäle. Und mitten im Zentrum von Moskau, auf dem Neuen Arbat, hing auf einem der Gebäude ein riesiges Plakat, auf dem er und andere Oppositionelle als »Nationalverräter« verunglimpft wurden. Diese konkrete Anschuldigung, er sei ein Verräter, verletzte ihn. Er wehrte sich auf seine Weise: auf dem letzten Kanal, den er hatte, auf Facebook.

Als im Februar 2015 die Anti-Maidan-Demonstration gegen die Opposition stattfand, postete er das Bild von einem sehr, sehr gut genährten Kosaken, der nicht besonders sympathisch und auch nicht besonders helle aussah – als Beispiel dafür, dass hier nur Menschen demonstrieren, die dafür bezahlt werden und sich für die politischen Inhalte gar nicht interessieren.

Mein Vater war zwar in Ungnade gefallen und kämpfte in der Opposition, dennoch erreichte er es mit seiner unermüdlichen Arbeit, dass der Bürgermeister von Moskau, Juri Luschkow, 2010 entlassen wurde, dessen Frau es vor allem mit Bauaufträgen der Stadt zur Milliardärin gebracht hatte. Das war einer seiner ersten Berichte über Korruption, in dem er ausführlich die illegalen Mechanismen beschrieb.

Im Juli 2013 nahm mein Vater an den Regionalwahlen für die Duma in Jaroslawl teil – in etwa vergleichbar mit Landtagswahlen in Deutschland. Die Region hat knapp 1,3 Millionen Einwohner, und ihre Hauptstadt Jaroslawl ist rund 280 Kilometer von Moskau entfernt. Für seine Partei PARNAS zog mein Vater hier mit dem Slogan »Es reicht, Jaroslawl auszurauben« in den Wahlkampf; weil ihm der Zugang zu den großen Medien versperrt war, führte er seinen Wahlkampf nach dem Prinzip »Drücke Tausende Hände«: Er zog von Hinterhof zu Hinterhof, Park zu Park, Markt zu Markt und Sportveranstaltung zu Sportveranstaltung, um möglichst viele Wähler zu erreichen.

Mit Erfolg: PARNAS übersprang die Fünfprozenthürde, und mein Vater gewann tatsächlich ein Abgeordnetenmandat – das einzige für seine Partei in der kleinen Regionalduma, wo er fortan Einzelkämpfer war und das »Hohe Haus« regelmäßig aufmischte. Nach langem, zähem Kampf setzte er durch, dass der Vizegouverneur Alexander Senin wegen Korruption entlassen wurde. Er war in der Region verantwortlich gewesen für den staatlichen Ankauf von Medikamenten. Die Medikamente für Krebskranke hatte er von der Firma seiner Frau erworben, was wiederum dazu geführt hatte, dass das Geld aus dem Haushalt für Bedürftige nicht mehr reichte. Es ist höchst unmoralisch, sich auf Kosten schwerkranker Menschen zu bereichern.

Hier füge ich noch für nichtrussische Leser hinzu, dass Enthüllungen allein niemanden in Politik oder Justiz interessieren. Illegale Aktivitäten sind geduldet und gelten als normal, solange man loyal zu den Machthabern ist und kein großes Bohei darum gemacht wird. Genau das aber machte mein Vater im Falle des Vizegouverneurs, und zwar so lange und so intensiv, dass er nach langem Widerstand und Versuchen, alles auszusitzen, zumindest seine politische Karriere opfern musste. Formell trat er freiwillig zurück.

In den Fernsehberichten im Lokalfernsehen hieß es, dass die Staatsanwaltschaft keinerlei Vergehen festgestellt habe. Es wurde einfach so dargestellt, als wäre mein Vater ein Querulant. Der Vizegouverneur sagte sogar auf der Pressekonferenz, auf der er seinen Rücktritt verkündete, mein Vater sei paranoid und würde, so wörtlich, sich ohne medizinische Intervention nicht beruhigen;[49] er sei ein Mensch, der unfähig sei, anderen zuzuhören, nur mit Ziffern jongliere und alles daransetze, andere Menschen zu verleumden. Nach seinem Rücktritt erstattete Senin Strafanzeige gegen meinen Vater wegen Verleumdung. Aber er konnte sich vor Gericht nicht durchsetzen und verlor den Prozess. Mehr noch, in seinem Urteil bezeichnet das Gericht ihn de facto als korrupt.

Mein Vater hat die Politik Putins in einem einzigen Satz zusammengefasst:»Für meine Freunde alles, für meine Feinde das Gesetz.« Das ist ein Leitspruch, der eigentlich dem faschistischen Diktator Franco in Spanien zugeschrieben wird, aber eben auf Putin genauso zutrifft.

Während seiner Zeit als Abgeordneter der Regionalduma pendelte mein Vater zwischen Moskau und Jaroslawl hin und her. Dem Kreml war seine Aktivität natürlich suspekt. Es gab regelmäßig Probleme, wenn er sich mit seinen Wählern treffen wollte. Er wurde zwar weiterhin von den Fernsehbildschirmen ferngehalten, aber mit seinem Mandat hatte er wieder die Möglichkeit, für Aufmerksamkeit zu sorgen. So wurde er immer wieder auf offener Straße angegriffen, weil kremlnahe Organisationen ihm ihre Leute auf den Hals hetzten. Er wurde mit einem Schmetterlingsnetz angegriffen, ihm wurde Ammoniak ins Gesicht gespritzt, und er wurde mit Eiern beworfen! Oft vor den Augen der Polizei, die so tat, als sähe sie nichts. Auch wenn er Anzeige erstattete, geschah nichts.

Aber sobald er sich gegen irgendetwas wehrte, gab es sofort eine Anzeige, und auch die Ermittlungen wurden unverzüglich aufgenommen.»Ich habe ihm geraten, er solle nicht einmal bei Rot über die Ampel gehen, weil alles gegen ihn verwendet wird«, erinnert sich sein Anwalt Wadim Prochorow.

»Am Flughafen in Moskau wurde er einmal von einem Kremlaktivisten mit dem Handy gefilmt und immer wieder gefragt, warum er nach Kanada ins ›State Department‹, also ins Außenministerium, fahre – was für ein Unsinn, denn in Kanada heißt das Außenministerium ja gar nicht ›State Department‹. Boris fühlte sich belästigt. Nach unzähligen Aufforderungen, ihn in Ruhe zu lassen, nahm er dem Mann das Handy ab und gab es einem Polizisten, der in der Nähe stand. Daraufhin wurde gegen ihn wegen Diebstahls ermittelt! Glücklicherweise konnte sich Boris vor Gericht durchsetzen, und die Anschuldigungen wurden zurückgewiesen.

In Jaroslawl hat ein Aktivist einer Pro-Kreml-Jugendorganisation 2013 Boris attackiert; er versuchte, ihn zu beruhigen. Daraufhin wurde gegen ihn wegen Körperverletzung ermittelt.

Im Sommer 2014 erstatteten wir Anzeige, weil ein Nationalist gedroht hatte, ihm wegen seiner Haltung zum Donbass den Kopf einzuschlagen. Es wurde nie etwas unternommen. Man zeigte geradezu demonstrativ, dass er vogelfrei war. Auch als er illegal abgehört wurde und die Mitschnitte in Medien veröffentlicht wurden. Nichts geschah.«

Es wurde immer klarer, dass sich die Wolken verdichteten. Im Februar 2014 wurde mein Vater zum zweiten Mal wegen Ordnungswidrigkeiten festgenommen. Insgesamt inhaftierte die Polizei 420 Menschen, die sich auf dem Manege-Platz im Zentrum von Moskau versammelt hatten, nachdem im Prozess um die Ausschreitungen bei der Demonstration auf dem Bolotnaja-Platz 2012 drastische Urteile mit langjährigen Freiheitsstrafen gegen Menschen verhängt worden waren, deren einziges Verbrechen darin bestand, gegen das Regime auf die Straße gegangen zu sein.

Mein Vater wurde zu zehn Tagen Arrest verurteilt. Dieser

zweite Arrest setzte ihm viel mehr zu als der erste. »Offenbar werde ich älter, aber ich habe diese zehn Tage schlecht vertragen«, sagte er. Kaum war er wieder frei, erfuhr er, dass das Ermittlungskomitee jetzt auch Ermittlungen gegen ihn wegen der Bolotnaja-Demonstration erwog. Es war ganz offensichtlich, dass es Kräfte gab im Kreml, die ihn gerne für eine längere Zeit hinter Gitter geschickt hätten.

Nach der Annexion der Krim im März 2014 und der heftigen Kritik meines Vaters daran erreichte die Hetze noch einmal eine neue Ebene. Mein Vater war mutig, doch vor einer langjährigen Haftstrafe hatte er Angst. Nach Warnungen von seinen Anwälten flog er nach Israel. Dort überlegte er, wie es weitergehen sollte. Er entschloss sich, seine Freiheit zu riskieren, und kehrte anderthalb Monate später zurück in seine Heimat: »Russland ist mein Land, da werde ich gebraucht, und nur da bin ich zu Hause. Und wenn das Gefängnis bedeutet, dann bedeutet es das eben«, sagte er zu mir.

Der Gedanke, irgendwo im Ausland ein Rentnerdasein zu führen, machte ihm Angst. Er hatte überhaupt Angst vor dem Älterwerden. Das war sicher einer der Gründe, warum er so aktiv war.

Nach der Rückkehr gab er in der Ukraine ein Fernsehinterview, das nach Ansicht vieler entscheidend war für sein Schicksal. Die Reporter fragten ihn nach Putin, und er redete sich in Rage. So stark, dass er ein Tabu brach: Er bezeichnete Putin als »verrückt«, und zwar mit einem sehr harten russischen Schimpfwort. Man muss wissen, dass in Russland ganz anders geflucht wird als in Deutschland; Schimpfwörter sind absolut tabu und werden im Fernsehen oder Radio mit Pfeiftönen überspielt.

Den Präsidenten mit einem Fluch zu beleidigen, das geht

gar nicht. Dessen war sich mein Vater auch bewusst – allerdings zu spät. Freunden gegenüber äußerte er die Befürchtung, er habe mit dieser Entgleisung wohl sein eigenes Todesurteil unterschrieben. Die Machtstrukturen in Russland entsprechen in vielem denen der Mafia; den Paten zu beleidigen, zu erniedrigen, ist völlig unverzeihlich. Selbst wenn es der Pate hinnehmen will, kann er das nicht, ohne seine eigene Autorität zu gefährden.

Gegen meinen Vater wurde Anzeige erstattet. Irgendwelche Aktivisten forderten, dass ein Ermittlungsverfahren wegen »Beleidigung des Präsidenten« eingeleitet würde. Die Behörden ordneten ein linguistisches Gutachten an. Der beauftragte Wissenschaftler kam in seiner Analyse zu dem Schluss, das verwendete Wort sei in dem Zusammenhang, in dem es mein Vater geäußert hat, kein Schimpfwort, sondern nur Ausdruck der Tatsache, dass mein Vater den Präsidenten für verrückt halte.

Das Ermittlungsverfahren verlief im Sand. Offen gestanden machte es mir Sorgen, dass mein Vater am 30. Dezember 2014 nicht festgenommen wurde auf der Demonstration zur Unterstützung von Oleg Nawalny, dem Bruder von Alexei Nawalny, dem besonders lautstarken russischen Oppositionellen. Allem Anschein nach war das der Versuch, ein Druckmittel gegen Alexei zu haben, indem man seinen Bruder zur Geisel machte. Und dann verteilte mein Vater auch noch Flugzettel mit dem Aufruf, am Frühlingsmarsch gegen den Krieg teilzunehmen. Auch dabei wurde er nicht festgenommen.

Ich fragte ihn, ob sie ihn endlich in Ruhe lassen würden. Das Gegenteil war wohl der Fall. Mit seiner massiven Kritik am Ukraine-Krieg Putins machte sich mein Vater im Kreml zusätzlich unbeliebt. Er sagte öffentlich, die russische Gesellschaft sei krank. Er kündigte an, mit seinen Mitstreitern einen Bericht veröffentlichen zu wollen über Putins Krieg, mit zahlreichen Fakten, die den gutmaskierten Einsatz der russischen Truppen in der Ostukraine enthüllten. Er recherchierte dazu viel. Doch erst nach seinem Tod, nämlich am 12. Mai 2015, konnten seine Mitstreiter, die die Arbeit trotzdem fortgesetzt hatten, die Ergebnisse der Öffentlichkeit präsentieren.

Der letzte Tag in seinem Leben, der 27. Februar 2014, war ein Tag, an dem mein Vater sehr aktiv war. Er war, wie bereits erwähnt, mit den Vorbereitungen für den Marsch des Frühlings beschäftigt, der zwei Tage später, am 1. März, stattfinden sollte. Wie immer gab es im Vorfeld enorm viel zu organisieren – und mein Vater war einer der Hauptorganisatoren.

Die Behörden hatten es verweigert, den Marsch im Zentrum von Moskau abzuhalten. Seit Wladimir Putin an der Macht ist, verstoßen sie damit, wie schon gesagt, konsequent gegen die russische Verfassung. Diesmal wollte die Regierung den Frühlingsmarsch an die Stadtgrenze verbannen, in den Stadtteil Marino. Die Demonstranten hätten also lange Anfahrtswege auf sich nehmen müssen, und kaum jemand hätte die Demonstration so weitab vom Zentrum wahrgenommen. Außer Augenzeugen erfahren in Putins Russland nämlich nur sehr wenige Menschen von den Aktionen der Opposition.

Zwischen meinem Vater und seinen Mitstreitern in der Oppositionspartei PARNAS war es nach diesem Beschluss zu einem Disput gekommen: Sie waren der Meinung, man sollte trotzdem im Herzen von Moskau demonstrieren, während mein Vater es für besser hielt, sich an die staatlichen Vorgaben zu halten. Er sagte, eine Demonstration, die von den Behörden für illegal erklärt wird, bedeute zu hohe Risiken – Hunderte, ja Tausende Menschen würden damit ihre Freiheit riskieren.

Am Tag zuvor hatte ich nachmittags mit meinem Vater telefoniert. Ich hatte ihn darum gebeten, abends in die Livesendung zu kommen, die ich zusammen mit meinem Kollegen Igor Wittel moderierte – obwohl er auf der schwarzen Liste stand. Wir wollten mit ihm über den Reformbedarf in der Ukraine sprechen, weil er am Vorabend auf Facebook folgende Meldung verfasst hatte: Die Politiker in der Ukraine seien unfähig zu Wirtschaftsreformen, das Land brauche einen Politiker wie den russischen Reformer Gaidar. Mein Vater schlug die Einladung aus, denn er hatte für jenen Abend bereits dem Radiosender Echo Moskaus ein Interview zugesagt. Wir haben noch kurz ein wenig geplaudert, dann habe ich das Gespräch beendet, weil ich einen Termin hatte. Ich konnte ja nicht ahnen, dass es unser letztes persönliches Gespräch sein sollte. Später habe ich ihm noch eine WhatsApp-Nachricht geschrieben. Auf die hat er aber nicht mehr geantwortet.

In seinem letzten Interview mit Echo Moskaus forderte mein Vater die unverzügliche Beendigung des Krieges mit der Ukraine. An seinem Todestag hatte er ein Überwachungsvideo aus dem Obersten Verwaltungsrat der Krim ins Netz gestellt, auf dem zu sehen ist, wie die angeblich freie Abstimmung über das Anschluss-Referendum tatsächlich abgelaufen ist: Bewaffnete Männer vom Militärgeheimdienst GRU dringen in das Parlament der Krim ein. Dann stimmen 47 Abgeordnete, weniger als zur Beschlussfassung nötig sind, vor den Läufen von Maschinenpistolen für ein Referendum auf der Krim.[50]

Mein Vater erzählte, dass die Operation zur Annexion der Krim bereits begonnen hatte, als Janukowitsch noch Präsident in Kiew war. Der Föderationsrat habe Putin seine Ermächtigung zum Truppeneinsatz zudem erst erteilt, als die Truppen längst auf der Krim waren.

In dem Interview forderte mein Vater auch, Ermittlungen wegen Korruption gegen die Männer aus Putins Umfeld aufzunehmen, die Milliardäre geworden sind:

>»Dieses System basiert auf Monopolstrukturen, auf Staatskonzernen und auf der Herrschaft der Bürokratie – es ist habgierig, nicht sehr professionell und in Wirklichkeit sogar antipatriotisch. Diese Leute schaffen 150 Milliarden US-Dollar außer Landes und setzen sich für Offshore-Geschäfte ein, obwohl sie verkünden, dass sie Patrioten und ›Die Krim ist unser‹-Anhänger sind. [...] Putin ist ein Spezialist für Unwahrheit, ein pathologischer Lügner.«

Dann malte er noch in den letzten Minuten des Interviews aus, was passieren würde, wenn 100 000 Menschen zu seinem Friedensmarsch kämen, den er nicht mehr erlebte:

>»Dann würde alles zu Staub zerfallen, und wissen Sie, warum? Weil alles auf Lügen fußt. Alles ist Lüge. Das ist der Grund, warum wir eine Stunde Sendezeit wollen im Fernsehen. Stellen Sie sich mal eine einstündige Debatte zwischen mir und Putin vor. Ganz einfach –

meine Punkte gegen die Punkte Putins. Wir könnten mit einer einfachen Frage beginnen wie: ›Russische Soldaten fallen, und Sie als Oberbefehlshaber, Herr Putin, leugnen, dass es Ihre Soldaten sind, und behaupten, dass die gar nicht teilnehmen an dem Krieg? Aber wir sehen doch die Gräber dieser Soldaten. Wir sehen ihre Gräber in Kostroma. Wir sehen sie in Pskow und ebenso in Nischni Nowgorod, wo ich als Gouverneur tätig war. Warum also, Herr Oberbefehlshaber, verleugnen Sie Ihre eigenen Soldaten? Haben Sie da noch das Recht, weiter Oberbefehlshaber zu bleiben? Warum lügen Sie, dass es dort keine Waffen von uns gibt? Sie, Herr Putin, haben doch in den Minsker Vereinbarungen selbst die Verpflichtung unterschrieben, die Tornado-S-Raketen abzuziehen. Aber, wie Sie wissen, ist Tornado-S ein hochmodernes Waffensystem für Flächenbeschuss, und es gibt dieses System bislang nur bei der russischen Armee, und es wurde erst 2012 in Dienst gestellt. Also, Sie haben diese Minsker Abmachungen doch unterzeichnet. Verstehen Sie?‹ Wenn man offen reden könnte und wenn die Leute erst mal die Wahrheit hören würden, dann würde die 86-Prozent-Zustimmung für Putin zu Staub zerfallen. Und genau darum dürfen wir nicht ins Fernsehen. Genau darum. Denn wenn herauskommt, dass alles auf Lügen fußt, inklusive all dieser Umfragewerte, dann begreifen die Leute alles, und dieses ganze System zerfällt zu Staub. [...]

Es ist keine Frage, dass wir, also die Opposition, unter gigantischem Druck stehen: Die Menschen werden belogen. Man muss ein ziemlich starker Mensch sein, um all das auszuhalten. Das kann ich von mir sagen. Ich bin doch auch ein Mensch, oder? Wenn es losgeht, dass man als ›Fünfte Kolonne‹ beschimpft wird, als Verräter, dann ist es sehr schwer, die Fassung zu behalten, aber man erträgt es halt, so gut es geht. Hört, es ist so, dass die Wahrheit stärker ist als all ihre Geheimdienste, ihre Propagandamachwerke und all diese Lügen, die sie vergießen.«[51]

Sein politisches Vermächtnis

Je stärker der Druck auf meinen Vater wurde, umso heftiger wurde seine Kritik an dem System. Er verwahrte sich gegen die im Westen oft verbreitete Illusion, Putin sei nicht verantwortlich für die Lage in Russland, er sei ein Getriebener, habe keine allzu große Macht. »Alles entscheidet Putin, seine Regierung oder seine Minister zu kritisieren ergibt deshalb keinen Sinn«, sagte er immer wieder. Nun, nach dem Mord an meinem Vater, überlegt sich jeder Kremlkritiker zweimal, ob er es wagen soll, seine Stimme gegen Putin zu erheben.

Mein Vater versicherte mir und der Familie gegenüber immer, er habe keine Angst um sein Leben. Erst nach seinem Tod erfuhr ich von seinen Freunden, dass er mit ihnen immer wieder über die Gefahr gesprochen hat, ermordet zu werden. Mit uns sprach er nur über die Angst, im Gefängnis zu landen. Dabei hatte er das Beispiel Michail Chodorkowski vor Augen. Der ehemalige Yukos-Chef saß mehr als zehn Jahre in Haft.

Heute verstehe ich, warum Putin solche Angst vor meinem Vater hatte – und auch noch hat. Deshalb wird immer noch Hass gegen ihn geschürt. Ein gutes halbes Jahr nach dem Mord an meinem Vater entschlossen sich die Behörden in Sankt Petersburg, den dortigen Stadtteil Parnas und die gleichnamige U-Bahn-Station umzubenennen. Aus einem einzigen Grund: weil sie den gleichen Namen tragen wie die Partei meines Vaters.

Der Mord an meinem Vater war politisch motiviert. Ich wundere mich über Menschen, die sagen, mein Vater sei nicht gefährlich gewesen für dieses Regime. In Russland ist es so wie in jedem anderen Land: Die Minderheit der politisch Aktiven ist für die politischen Prozesse ausschlaggebend. Und aus diesem Grund wird sie in einer Diktatur bekämpft, denn da ist jeder Andersdenkende gefährlich. Jede Diktatur unterdrückt Andersdenkende, weil sie die Macht erhalten will. Und je länger sich ein Diktator an der Macht hält, umso größer wird seine Angst, sie zu verlieren, umso unsicherer und empfindlicher wird er. Dafür gibt es genügend Beispiele überall auf der Welt.

Ich habe keinerlei Hoffnung, dass dieser Mord vollständig aufgeklärt wird, solange Wladimir Putin an der Macht ist. Denn ich habe keinerlei Vertrauen in die Institutionen in Russland, insbesondere nicht in die Justiz. Man wird Menschen verurteilen, wahrscheinlich auch die direkten Vollstrecker des Mordes, aber die Hintermänner, die Auftraggeber, werden geschont werden.

Trotzdem möchte ich die Hoffnung nicht aufgeben, dass der Mord an meinem Vater irgendwann einmal aufgeklärt wird, wenn Wladimir Putin und seine Leute nicht mehr an der Macht sind.

Meinem Vater fehlte das, was man in Russland »Bremsen« nennt. Vielleicht kann man es mit »innerer Vorsicht übersetzen«, um das böse Wort Angst zu vermeiden. Viele Menschen in Russland haben diese »Bremsen«, und sie arbeiten oft vollautomatisch. Kein falsches Wort am falschen

Platz. Meinem Vater fehlte dieser Selbsterhaltungsinstinkt. Er tat einfach, was er für richtig hielt.

Der Selbsterhaltungstrieb großer Teile der Bevölkerung ist der Grund dafür, dass wir in Russland keine strenge Zensurbehörde mehr brauchen wie noch unter den Zaren oder den Bolschewiken. Die Selbstzensur funktioniert.

Für das internationale Ansehen Putins war der Mord an meinem Vater sicher schlecht; aber dieses Ansehen ist ohnehin ramponiert und für Putin zweitrangig. Entscheidend für ihn ist der Machterhalt. Nach dem Tod meines Vaters gab es – bis auf den Trauermarsch – keine einzige Protestdemonstration mehr, auf die auch nur annähernd so viele Menschen gekommen sind wie vor dem Mord. Das ist kein Zufall. Die Angst ist stärker geworden. Und es gibt noch nichts, was die Menschen vereinen könnte.

»Die meisten Menschen wollen in die Politik, um Geld zu verdienen oder um ihre eigenen Ambitionen zu befriedigen. Die wenigsten werden Politiker, weil sie einfach etwas erreichen wollen für die Menschen«, sagte mein Vater immer. Er hat viel Gutes getan und davon niemandem erzählt. So habe ich erst nach seinem Tod erfahren, dass er seine frühere Schule mit Spenden unterstützte. Er war ein Mensch, der hilfsbereit und nie gleichgültig war; er reagierte auf viele Bitten von Leuten, die er nicht persönlich kannte und mit denen er via Facebook in Kontakt kam. Er sah seine Aufgabe darin, jüngere Politiker um sich zu scharen und sie vor den Fehlern zu bewahren, die er selbst gemacht hatte. Denn er selbst war einer der ältesten und erfahrensten demokratischen Politiker. Es erfüllte ihn völlig, sich auf die Rolle des »älteren Freunds« zu beschränken. In den letzten Monaten vor seinem Tod hatte er keine besonderen politischen Ambitionen mehr.

Heute glauben viele Russen, sie bräuchten keine Freiheit. »In unserem Land herrscht ein Mangel an Freiheit, aber ihn spürt nur eine Minderheit«, schrieb mein Vater in *Beichte eines Rebellen*:

> »Mit der Freiheit ist es wie mit dem Sauerstoff beim Tauchen: Du springst ins Wasser und hoffst, dass deine Sauerstoffflasche voll ist und der Schlauch offen. Einmal habe ich erlebt, dass ich tauchte und die Luft ausging. Ich bin schnell an die Oberfläche zurück und bekam schreckliche Kopfschmerzen. Es war furchtbar. In dem Moment habe ich verstanden, was es bedeutet, Luft zu bekommen. Genauso ist es mit der Freiheit. Solange man sie hat, bemerkt man sie nicht, genauso wenig wie die Luft, die man atmet. Aber wenn diese Luft fehlt, führt das über kurz oder lang zur Katastrophe. Man denkt nicht mehr ans Essen, an Wasser, man will nur noch frische Luft. Deshalb ist es unklar, unter welchem Vorzeichen der Name Putin in die russische Geschichte eingehen wird.«[52]

Mein Vater war immer gegen eine Revolution. Er lehnte Gewalt ab und betonte, er wolle einen friedlichen Machtwechsel. Die Politik muss sich um die Menschen kümmern und nicht um den Staat, wir müssen den Lebensstandard verbessern und nicht unsere Rüstung – das war sein Leitmotiv.

»Es heißt ja immer, vor allem in Russland, Politik sei ein schmutziges Geschäft. Boris Nemzow war der lebende Beweis dafür, dass es nicht immer so sein muss«, erinnert sich sein Freund und Weggefährte Wladimir Kara-Mursa. »Boris hat mich in die Politik eingeführt und mir gezeigt, dass ein

Politiker ehrlich bleiben kann, dass es möglich ist, seine Freunde und seine Überzeugungen nicht zu verraten, nicht so zu handeln, wie es profitabel für ihn ist, sondern wie es ihm das Gewissen befiehlt!«

Mein Vater hätte unter dem Putin-Regime, wie so viele seiner früheren Weggefährten, problemlos ein warmes Plätzchen finden und ein bequemes Leben in Wohlstand führen können. Aber er war ein aufrichtiger Patriot. Er liebte Russland. Er fieberte mit seinem Land und seinen Landsleuten – das mag pathetisch klingen, aber so war er. »Das ist mein Land, und ich will es nicht diesen Gaunern überlassen.«

»Ich möchte die Glocken zum Läuten bringen«, sagte er in Rostow, als er dort auf einen Glockenturm stieg. »Ich will Russland wachrütteln.«

Jetzt ist er tot. Aber seine Ideen, seine Ideale leben. Sein Körper ist tot. Sein Geist nicht. Ich hoffe, Russland wird so, wie er es sich erträumt hat.

Dank

Für die Mitarbeit an diesem Buch danke ich:
  Alan Bigman
  Gretchen Brevnov
  Anthony Doran
  Wladimir Kara-Mursa
  Raissa Nemzowa
  Wadim Prochorow
  Olga Schorina

Sämtliche Honorare für dieses Buch spende ich an die
»Boris-Nemzow-Stiftung für die Freiheit«.

Anmerkungen

1   Boris Nemzow, *Aus der Provinz in den Kreml*, 1997, S. 32.

Die schrecklichste Nacht meines Lebens

2   https://www.vedomosti.ru/newspaper/articles/2015/03/01/
nado-podumat-kuda-mi-privedem-rossiyu (Stand: Dezember 2015).

Die russische Propagandamaschine

3   http://www.vedomosti.ru/opinion/articles/2014/08/15/
carstvo-imitacii (Stand: Dezember 2015).
4   http://echo.msk.ru/blog/echomsk/936287-echo/ (Stand:
Dezember 2015).
5   https://openrussia.org/post/view/4803/ (Stand: Dezember
2015).
6   http://ru.delfi.lt/news/politics/boris-nemcov-putin-sel-mozg-
russkomu-cheloveku.d?id=64784303 (Stand: Dezember
2015).
7   Ebenda.
8   https://youtu.be/bF1zVCUUcZc (Stand: Dezember 2015).

9 http://www.levada.ru/2011/11/25/molodezh-rossii/ (Stand: Dezember 2015).

10 http://www.newsru.com/russia/28jul2015/gepatit.html (Stand: Dezember 2015).

11 http://www.rbc.ru/rbcfreenews/565c4f9d9a7947f14da443cc (Stand: Dezember 2015).

12 http://www.newsru.com/russia/10aug2014/nofood.html (Stand: Dezember 2015).

13 http://www.spiegel.de/wirtschaft/soziales/russland-fast-23-millionen-menschen-leben-unter-armutsgrenze-a-1038418.html (Stand: Dezember 2015).

14 http://www.putin-itogi.ru/rab-na-galerah/11 (Stand: Dezember 2015).

15 https://www.vedomosti.ru/politics/news/2015/04/15/isklyuchenie-suprugi-iz-deklaratsii-peskova-snizilo-ego-semeinii-dohod-na-tret (Stand: Dezember 2015).

16 http://www.svoboda.org/content/transcript/26709410.html (Stand: Dezember 2015).

17 Boris Nemzow: *Beichte eines Rebellen*, S. 178.

Die Ermittlungen

18 https://openrussia.org/post/view/3325 (Stand: Dezember 2015).

19 http://echo.msk.ru/blog/nemtsov_boris/1470712-echo/ (Stand: Dezember 2015).

20 https://instagram.com/p/z-dKqICRua/?modal=true (Stand: Dezember 2015).

21 https://www.facebook.com/photo.php?fbid=
739535322782737 (Stand: Dezember 2015).

Meine Beziehung zu meinem Vater

22 Boris Nemzow: *Aus der Provinz in den Kreml*, S. 10.
23 Ebenda, S. 10.
24 Ebenda.
25 Ebenda, S. 10
26 Boris Nemzow: *Beichte eines Rebellen*, S. 193.
27 Ebenda.

Vom Physiker zum Gouverneur

28 Ebenda, S. 11.
29 http://www.sakharov-archive.ru/Raboty/Rabot_58.html
(Stand: Dezember 2015).
30 http://expert.ru/russian_reporter/2015/07/boric-ii/ (Stand:
Dezember 2015).
31 Vgl.: https://youtu.be/HgJ-MBgoVEk?t=2207 (Stand:
Dezember 2015).
32 Boris Nemzow: *Aus der Provinz in den Kreml*, S. 69.
33 http://www.newsru.com/arch/religy/25apr2012/nemzow.
html (Stand: Dezember 2015).
34 https://youtu.be/HgJ-MBgoVEk?t=2038 (Stand: Dezember
2015).

35 Boris Nemzow: *Beichte eines Rebellen*, S. 22.

36 Ebenda, S. 24.

37 Ebenda, S. 28.

38 Ebenda, S. 194.

39 https://www.youtube.com/watch?list=PLLjFCo1OuL-
RD83-qggzk6Y8zRToiHQGCh&params=OAFIAVgC&v=
ZYZlD2UShBs&mode=NORMAL&app=desktop
(Stand: Dezember 2015).

40 https://www.youtube.com/watch?list=PLLjFCo1OuLRD83-
qggzk6Y8zRToiHQGCh&params=OAFIAVgC&v=ZYZl-
D2UShBs&mode=NORMAL&app=desktop (Stand: Dezember 2015).

In Ungnade

41 Boris Nemzow: *Beichte eines Rebellen*, S. 54.

42 https://youtu.be/fVLNWs1sBdE?list=PLLjFCo1OuLRD83-
qggzk6Y8zRToiHQGCh&t=334 (Stand: Dezember 2015).

43 http://www.novayagazeta.ru/inquests/55048.html (Stand:
Dezember 2015).

44 http://www.kommersant.ru/doc/1590640 (Stand: Dezember 2015).

45 http://lenta.ru/news/2011/01/02/nemtsov/ (Stand: Dezember 2015).

46 Im russischen Original: http://www.putin-itogi.ru/rab-na-
galerah/11 (Stand: Dezember 2015).

47 http://www.putin-itogi.ru/rab-na-galerah/#zakl (Stand:
Dezember 2015).

48 https://meduza.io/feature/2015/08/10/tsennyy-kadr (Stand: Dezember 2015).

49 https://www.youtube.com/watch?v=ySeOySsYr3Y (Stand: Dezember 2015).

50 https://www.facebook.com/boris.nemtsov/posts/771769816225954 (Stand: Dezember 2015).

51 http://echo.msk.ru/programs/year2015/1500184-echo/ (Stand: Dezember 2015).

Sein politisches Vermächtnis

52 Boris Nemzow: *Beichte eines Rebellen*, S. 14.

Veröffentlichungen von Boris Nemzow

Aus der Provinz in den Kreml. Harnisch. Nürnberg 1997.
Russisches Original: *Provinzial.* Wagrius. Moskau 1997.
Beichte eines Rebellen. Russisches Original: *Ispowed buntarja.*
Partizan. Moskau 2007.